Wilh. Jos. Dotzer

Über Schopenhauers Kritik der Kantschen Analytik

Wilh. Jos. Dotzer

Über Schopenhauers Kritik der Kantschen Analytik

ISBN/EAN: 9783744600057

Hergestellt in Europa, USA, Kanada, Australien, Japan

Cover: Foto ©Thomas Meinert / pixelio.de

Weitere Bücher finden Sie auf **www.hansebooks.com**

Ueber Schopenhauer's Kritik der Kant'schen Analytik.

Inaugural-Dissertation

zur

Erlangung der philosophischen Doktorwürde

vorgelegt

der philosophischen Fakultät zu Erlangen

am 17. Juli 1890

von

Wilh. Jos. Dotzer

aus Nürnberg.

————————

1891.
Druck von J. Grohrock, Nürnberg.

Inhalt.

Berichtigung.

S. 10 Z. 3 stattt rationelle lies rationale.

S. 16 Z. 10 statt cux lies crux.

Z. 17 ternini lies termini.

S. 25 Z. 15 Contmem lies Continuum

S. 28 Z. 11 nach Erkenntniss ist ein , zu setzen.

S. 36 Z. 3 v. u. statt letztere lies letzteren.

S. 41 Z. 2 v. u. statt Continea lies: Continua.

Ueber Schopenhauer's Kritik der Kant'schen Analytik.

Wenn die Philosophie ihrer einstigen Würde einer Königin der Wissenschaften im heutigen Zeitbewusstsein zum Teil verlustig gegangen ist, so hat sie darob weder die realistische Strömung der Gegenwart, noch die Ausbreitung der naturwissenschaftlichen Einzelforschung ausschliesslich anzuklagen. Es war ihre morganatische Ehe mit einer nicht ebenbürtigen Genossin, der Metaphysik (im alten Sinne), die ihr das Missgeschick zuzog, in verschiedenen Epochen eine gewisse, nicht unbedenkliche Analogie mit der längst überwundenen Alchymie zu verraten Und die Remedur ihres Hauptgebrechens schien eine unmögliche Leistung. Denn wenn selbst jene Wissenszweige, die am stolzesten auf Anschauung und experimentelle Sicherheit pochen, der hypothetischen und speculativen Fermente nicht entraten können, woferne sie nicht, mit Verzichtleistung auf die Einheitsbestrebungen der menschlichen Vernunft, gänzlich dem Empirismus verfallen wollen, so ist die Philosophie ihrer ganzen Natur nach gehalten, den Ansprüchen gewisser Ideen gerecht zu werden, die dem Wesen der Vernunft völlig immanent sind, ohne den Beweis ihrer Wahrheit jemals aus der Erfahrung schöpfen zu können.

Aller Wahrheitseifer des Philosophen musste daher darauf gerichtet sein, jene unverlierbaren Ideen in einem Brennpunkte zu sammeln, der ihnen zwar nicht die auf die Möglichkeit der Erfahrung gegründete Sicherheit konstitutiver Grundsätze zu verleihen vermochte, aber sie doch als regulative Prinzipien tauglich machte, einerseits den teleologischen und systematischen Bedürfnissen der exakten Wissenschaften zu dienen, anderseits aber auch den ethischen Forderungen zu genügen und auf diese Weise der Philosophie ihre volle Würde zurückzugewinnen.

Diese Erneuerung der Philosophie ist die That Kants. Aber er fand noch reicheren Gewinn auf seinem königlichen Wege. Es war ihm vergönnt, auch den mechanischen Prinzipien der reinen Naturwissentschaft ihre metaphysische Substruktion zu verleihen, die auf induktivem Wege gewonnenen mathematisch-physikalischen Axiome der grössten Naturforscher, insbesondere Newtons und Galileis, mit der Würde philosophischer Grundsätze zu bekleiden und so die synthetische Einheit der Erfahrung aus ihrer Möglichkeit zu deduzieren. Es erging Kant in letzterer Hinsicht wie jenem Chemiker, der, zur Rolle eines Adepten gezwungen, das Porzellan erfand. Kant, in einer Periode dogmatischer Metaphysik lebend, fand, von innerin Drange zur Philosophie genöthigt, zwar nicht die Seelensubstanz, noch den Urgrund aller Dinge, aber das Wesen der Erfahrung.

Mit diesen Ergebnissen war die Metaphysik aus der tödtlichen Umarmung des Dogmatismus gerissen, zugleich aber die ältere Disciplin dieses Namens für alle Zeiten unmöglich geworden, und die Bemühungen der nächsten Nachfolger, die von Kant der Philosophie gezogenen Schranken zu durchbrechen, können kaum mit der Einrede geschützt werden, dass man in ihren spekulativen Konstruktionen eben auch »regulative Prinzipien« zu erblicken habe; denn die intellektuelle Anschauung, das Heraustreiben aller Substantialität aus der Thathandlung des Jch, samt allen Versuchen der nächsten philosophischen Reigenführer, die Kant'sche Philosophie zu ergänzen oder umzugestalten, tragen in ihren aus individueller Speculation erzeugten obersten Grundsätzen den Stempel des Dogmatismus an der Stirne.

Indessen konnte es nicht ausbleiben, dass die Kant'sche Lehre den vielfältigsten Deutungen und Anfechtungen begegnete, ein Uebelstand, den nicht die Schwierigkeit des Gegenstandes oder die »dunkle Sprache« allein verschuldet hat. Es dürfte bei Licht besehen eine und dieselbe Quelle sein, aus der die zahlreichen Klagen über Widersprüche, Antagonismus heterogener Denkprinzipien und die zahllose Menge kritischer Einzelangriffe der überwiegenden Anzahl nach herfliessen. Man hat die kritische Selbstbeschränkung des Meisters nicht immer genügend geachtet und von ihm Aufschlüsse verlangt oder Konsequenzen seiner Lehre gezogen, die er der ganzen Natur seines Kritizismus gemäss abzulehnen bemüht war, wiewohl er bei der Instruktion des Problems, wie auch im Verlaufe der Darstellung nicht vermeiden konnte, gewisse problematische Begriffe des populären Bewusstseins zu berühren.

Ich erinnere hier nur an das »affizierende Etwas«, an die Stelle, dass »Erscheinung doch Erscheinung von Etwas sein müsse«, an das »etwaige transszendentale Substratum äusserer Erscheinungen« und ähnliche dogmatisch-spekulative Anklänge, denen Kant mit dem Hinweis auf das abgestochene Feld seiner Untersuchung, die Möglichkeit der Erfahrung, begegnet. Jch glaube, dass man über dem transszendendalen Jdealisten den empirischen Realisten häufig übersieht. Schon Schulze und Beck-Aenesidemus wollen durch Entfernung des »Dinges an sich, die Kant'sche Lehre verbessern bezw. widerlegen. In neuerer Zeit klagt beispielsweise A. Lange (Geschichte des Materialismus Bd. 2 S. 32), Kant habe den Gedanken, dass Sinnlichkeit und Verstand vielleicht aus einer gemeinsamen Wurzel entspringen, nicht für die wahre Lösung des transszendentalen Problems zu verwerten gewusst. Zu dieser Klage wäre indessen nur derjenige befugt, der diese gemeinsame Wurzel aufzuweisen im Stande wäre. Bis dies möglich sein wird, werden wir die bescheidene Zurückhaltung der Kritik d. r. V. achten müssen, die der Abwehr des Dogmatismus ihre Entstehung verdankt und sich selbst einen propädeutischen Charakter zuschreibt.

Ausserdem aber mag es selbst erleuchtetsten Geistern psychologischer und physiologischer Richtung ihrem ganzen Entwicklungsgang gemäss schwer, vielleicht unmöglich sein, sich mit dem Geiste der transszendentalen Methode völlig zu befreunden und vorurteil- und rückhaltlos in den Ideenkreis derselben einzutreten. Dass die Dinge ihre Ansprüche ermässigen und sich um die Begriffe drehen sollen, mag dem von der empirischen Einzelforschung zu metaphysischen Problemen übergehenden Denker ein wenig sympathisches Prinzip sein, welches bei allen Konsequenzen unverrückt im Auge zu behalten, dem ursprünglichen Empiristen überaus schwer fallen muss.

Wenn ich nun hier mit einer auf die »Kritik der reinen Vernunft« sich beziehenden Arbeit hervortrete, so bedarf dies nicht bloss im Hinblick auf die Schwierigkeit des Unternehmens, sondern auch auf die unmässig angewachsene Kantliteratur der Rechtfertigung, die sie nur in ihrer Gelegenheitsursache finden kann Mit dem Studium Kants beschäftigt fiel mir die Kritik Schopenhauers in die Hände und verdarb mir für einige Zeit die Freude an dem grossen Werke des kritischen Philosophen.

Trotz sozusagen instinktiver Ueberzeugung von der Unhaltbarkeit und Nichtigkeit der Angriffe des Gegners vermochte ich doch meinen Autor nicht gegen die in mir wachgerufenen Zweifel und Bedenken zu verteidigen, ein Gefühl, dessen Peinlichkeit durch die leidenschaftliche, kein Mittel verschmähende Kampfesweise des genannten Censors noch erhöht wurde. Wenn ich nun durch fortgesetztes Studium meines Gegenstandes in dem Grade mächtig zu sein glaube, um eine Widerlegung mit Aussicht auf Erfolg wagen zu dürfen, so bestimmt mich zu deren Veröffentlichung besonders auch eine praktische Erwägung.

Die Kritik Schopenhauers ist in der stillschweigenden oder eigentlich ziemlich unverhüllten Absicht verfasst, die Verehrung, deren Kant geniesst, auf die Person seines Kritikers abzulenken.

Die Lobeserhebungen der Einleitung können uns in dieser Ueberzeugung nicht irre machen, denn die folgende Abhand-

lung weiss so viel von heilloser Konfusion, Unklarheit und In-
konsequenz des Kant'schen Systems zu berichten und ihre Angriffe mit solchem Aufgebot sophistischer Eloquenz zu unter-
stützen, dass der Neuling, der Kant etwa nur aus irgend welchem
Kompendium kennt, vielleicht wohl gar ein Gefühl der Dank-
barkeit für den unerschrockenen Kritiker empfindet, der ihn einer
vermeintlich so abstrusen und unfruchtbaren Denkarbeit über-
hebe.

Und da namentlich jüngere Denker und Studierende sich
leicht den Eindrücken eines radikalen Stiles gefangen geben
und so den Gewinn eines im höchsten Masse geistig fördern-
den und klärenden Studiums einbüssen könnten, (denn es ist
eine wissenschaftliche capitis diminutio, von Kant zu Schopenhauer abzufallen), so möchte vielleicht die vorliegende Schrift
dem einen oder andern Jünger der Philosophie, dem sie
zufällig in die Hände kommt, nicht ohne Nutzen sein.

Manche Einwände Schopenhauers scheinen auch auf
andere Schriftsteller eingewirkt zu haben, und überdies wird
mir die Beschäftigung mit der in Rede stehenden Schrift
Gelegenheit geben, mich über meine Kenntniss und Auffassung eines Philosophen auszuweisen, der ohne Frage die her-
vorragendste Stellung in der Geschichte der neueren Philosophie bis zum heutigen Tage behauptet, und an dem keiner
gleichgiltig vorübergehen kann, dem ›Philosophie am Herzen
liegt‹.

Nach Schopenhauers eigenem Bekenntniss ›Brief an J.
Frauenstädt vom 12. Juli 1852‹ soll seine ganze Darstellung
bloss die Vollendung des Kant'schen Idealismus sein. Diese
Vollendung bezieht sich auf die Erkennbarkeit des ›Dinges
an sich‹, also auf die ›Lösung des Welträtsels‹, und so kenn-
zeichnet sich dieselbe als transszendentaler Realismus (empirischer Idealismus), mithin als vollständiger Gegensatz des
Kant'schen Systems, das zugleich vollendet und vernichtet
werden soll. Nur einzelne Bausteine des unter Schopenhauers
Angriffen rettungslos zusammenbrechenden transszendentalen
Idealismus, vornehmlich die transszendentale Aesthetik, (von
Schopenhauer als glückliches Apperçu bezeichnet!) und die
Reduktion der Sinnendinge auf blosse Erscheinungen (Schopenhauers ›Welt als Vorstellung‹) geniessen der Bevorzugung,
dem dogmatischen Neubau eingefügt zu werden.

Der ausgesprochenen Tendenz dieser Metakritik gemäss
müssen wir schon von vorneherein mit einiger Besorgniss an
die letztere herantreten, denn der Kritiker spricht in eigener
Sache: Kant und Schopenhauer können nicht zusammenbe-
stehen. Ob die unter solchen Umständen doppelt nötige Behutsamkeit und Wahrheitsliebe dem Kritiker Kants innewohne,
muss die folgende Erörterung lehren.

Vorläufig müssen wir schon die einleitenden Sätze mit
einem Fragezeichen versehen.

Schopenbauer's „Vollendung des Idealismus". Metaphysik und Kritik des Vernunftvermögens.

S. 505 f. wird auf eine Stelle der Prolegomena (§ 1) verwiesen, die von den Quellen der Metaphysik handelt und für
letztere die Möglichkeit einer empirischen Grundlage in Ab-
rede stellt. Daran knüpft Schopenhauer (a. a. O. folgende
Bemerkungen:

>Nun wird ohne Weiteres angenommen, dass die Lösung
dieses Rätsels (sc. der Welt und unsers eigenen Daseins)
nicht aus dem gründlichen Verständniss der Welt hervorgehen
könne, sondern gesucht werden müsse in etwas von der Welt
gänzlich Verschiedenem; und dass von jener Lösung Alles aus-
geschlossen werde müsse, wovon wir irgendwie unmittelbare
Kenntniss, (denn das heisst mögliche Erfahrung, sowohl innere,
wie äussere) haben können; dieselbe vielmehr nur in dem gesucht werden müsse, wozu wir bloss mittelbar, nämlich mittelst
Schlüssen aus allgemeinen Sätzen gelangen können.«

Von diesen Annahmen ist nur der Vordersatz der Meinung Kants entsprechend, die Nachsätze sind willkürlich im
Sinne Schopenhauers ergänzt.

Die Lösung des Rätsels soll vielmehr g a r n i c h t gesucht
werden, weder auf dem Wege der Erfahrung, der nur zu Erscheinungen führt, noch durch Vernunftschlüsse (oder geniale
Intuition), da den Ideen der Vernunft kein Gegenstand entspreche und deren transszendentaler Gebrauch, eben weil er
die Erfahrungswelt überfliegt, nur eine Logik des Scheines
hervorbringe. Es ist auch zu beachten, dass u n m i t t e l b a r e
Kenntniss und innere Erfahrung bei beiden Autoren einen verschiedenen Sinn haben. Kant versteht unter unmittelbarer Erkenntniss die des Verstandes, genauer gesagt, die Erfahrung als
»Produkt des Verstandes aus Materialien der Sinnlichkeit«, also
das Mannigfaltige des äussern und innern Sinnes, das der
synthetischen Apperzeption objiziert ist. Dagegen bedeutet sie
für Schopenhauer eine Quelle, aus der für ihn Erkenntnisse
herfliessen, welche den blossen Erfahrungsgebrauch der Vernunft
weit übersteigen, nämlich eine aus verändertem Gesichtspunkte
erneuerte rationale Psychologie und Kosmologie. Das ver-
misste Argument für die Abweisung der aposteriorischen Erfahrung zur Konstituierung der Metaphysik (als Lösung des
Welträtsels) dürfte sich aber in der Vorrede zur 2. Ausgabe
der Kritik d. r. V. auffinden lassen. Es scheine dem Verfasser
unmöglich, heisst es dort im Hinblick auf die bisherigen Resultate der Metaphysik, eine Wissenschaft von derselben auf die
Bahn zu bringen, da es niemals noch gelungen, die verschiedenen Mitarbeiter einhellig zu machen. Die neue Methode,
mit der Kant an die ihm vor allen dringlich scheinenden
Aufgaben der Metaphysik herantrat, um den Streit des Sensua-
lismus und Idealismus zu schlichten, liess die Gegenstände
sich nach unserer Erkenntniss richten, wobei die Revolution
der ganzen Denkarbeit darin bestand, dass in der Erkenntniss
a priori den Objekten nichts beigelegt werden kann, als was
das denkende Subjekt aus eigenen Mitteln in sie legt Und

die Erwägung, dass die Eigenschaften der Dinge nicht in unsere Vorstellungskraft hinüberwandern können, ergab eine Analyse der ganzen Erkenntnis a priori in zwei ganz ungleichartige Elemente, das Mannigfaltige der Erscheinungen (als natura formaliter spectata) und das (gänzlich problematische) Ding an sich. Indem so der erste Teil der Metaphysik auf die Kritik der Erfahrung eingeschränkt wurde, endigte die Kritik des Vernunftvermögens, die an die Stelle des bisherigen dogmatischen Vernunftgebrauches trat, mit einem für die theoretische Vernunft negativen Resultate, das nichts destoweniger für die praktische Vernunft seinen positiven Wert geltend machte und überdies -einmal für allemal dem Skandal vorbeugte (oder hätte vorbeugen können!), in das sich unkritische Metaphysiker unausbleiblich verwickeln.« Dabei wird auf die verschiedenen durch die bisherigen Versuche der Metaphysik gezeitigten Richtungen des Materialismus, Skeptizismus und Idealismus (und die daraus herfliessenden Konsequenzen verwiesen.) als einen sicheren Beweis, dass eine Metaphysik als Wissenschaft bis dahin nicht existire, da weder über ihren Ausgangspunkt, noch über ihre Methode eine Einmütigkeit ihrer Anhänger erzielt worden sei, und sich noch niemals ein Fechter auch nur den kleinsten Platz habe erkämpfen können.« Der Grund dieses metaphysischen Unvermögens sei darin zu erblicken, dass sich Metaphysik gänzlich über Erfahrungsbelehrung erhebe, in eine Region des luftleeren Raumes, darin die Vernunft durch ihre Begriffe einen leichtern Flug zu nehmen glaubt, als im Gebiete der Erfahrung, ohne zu bemerken, dass sie durch ihre Bemühungen keinen Weg gewinnt.«

Auf ganz anderem Pfade verkündet nun Schopenhauer, sich der Lösung des Rätsels genähert, der neuen Metaphysik Bahn gebrochen zu haben, nämlich aus dem Verständnisse der Welt selbst, nicht aus »inhaltsleeren Formen«. Die Aufgabe der Metaphysik ist nicht, »die Erfahrung, in der die Welt dasteht, zu überfliegen, sondern sie von Grund aus zu verstehen,« ganz die Meinung Kants! »indem Erfahrung, äussere und innere die Hauptquelle aller Erkenntniss ist. Die Lösung des Welträtsels ist nur durch am rechten Punkt vollzogene Anknüpfung der äusseren Erfahrung an die innere und dadurch zu Stande gebrachte Verbindung dieser zwei so heterogenen Erkenntnissquellen möglich.« .

Nichts könnte uns erwartungsvoller und hoffnungsfreudiger stimmen, als die Verheissung, in der Analyse des Erfahrungsbewusstseins die Elemente einer vernunftgemässen Deutung der Erscheinungswelt nachzuweisen.

Vielleicht war Kant voreilig gewesen und hatte das fruchtbare Bathos der Erfahrung zu früh verlassen oder vielmehr nicht weit genug verfolgt.

Aber die Aussicht auf diese »Vollendung des Idealismus« ist uns leider durch die in den voranstehenden Büchern nieder-

gelegte Entwicklung des neuen Systems benommen, wir sind
bereits belehrt, welche Bewandtniss es hat mit diesem gründlichen Verständniss der Welt und der »unmittelbaren« Erfahrung.
Dieses unmittelbare Bewusstsein ist der W i l l e, und wie
aus diesem »Apperçu« mittelst Anologieschlusses die Erkenntniss des Wesens ,der Welt gewonnen werden soll, während
wir nur den Homunculus eine hypostasierten Abstraktion in
der Phiole gewahren, das dürfte im gegenwärtigen Zeitpunkte
wenigen ernsten Denkern mehr als etwas anderes, denn ein
geistreicher Einfall erscheinen.

Und somit sind wir auch bei einem Grundgebrechen
dieser Metakritik angelangt, um dessentwillen eine flüchtige
Gegenüberstellung der metaphysischen Methoden Kants und
Schopenhauers geboten schien. Schopenhauer richtet seine Angriffe zunächst gegen die Achterklärung des Dogmatismus und
sucht sich die Bahn frei zu machen durch Abwürdigung der transszendentalen Logik. Sollte der dogmatische Vernunftgebrauch
verteidigt und die Anknüpfung der Sinnenwelt an die intelligible vollzogen werden, so war zu beweisen, dass die Ver-
nunftp o s t u l a t e sich in Vernunfto b j e k t e wirklich ver-
wandeln lassen und somit der Grundgedanke der Kritik d. r. V.
nicht stichhaltig sei oder die gegen die dogmatischen Metaphysiker geltend gemachten Argumente für Schopenhauer nicht
zutreffen. Wie wenig dies Bedenken durch Schopenhauers
neue Metaphysik gehoben ist, haben wir oben angedeutet und
glauben uns mit allen wirklich wissenschaftlichen Philosophen
der Gegenwart im Einklang zu befinden. Schopenhauer versucht aber anderseits auch zu diesem Zweck die transszendentale Logik an sich als schlechthin hinfällig darzustellen, ein
Beginnen, dem unsere vorliegende Betrachtung gilt. Problem und
Methode der
Kritik „d. r. V.-
Vor allem wird zu diesem Behufe die ganze Tendenz und
das Problem der Kritik d. r. V ignorirt.

Kant mag noch so nachdrücklich betonen, er wolle nicht
untersuchen, wie Erfahrung e n t s t e h e, sondern woraus sie
b e s t e h e, dass er nicht den Einzelninhalt der Erfahrung, sondern ihr Gesetz, die Form, untersuchen, die Prinzipien der
Synthesis a priori in ihrem ganzen Umfange einsehen wolle
(Kr. d. r. V. S. 44), so hindert das seinen Censor nicht im
geringsten, zu erklären, man sei doch berechtigt, einige Auf-
klärung zu erhalten über den I n h a l t der Anschauungsformen,
über die Art, wie die e m p i r i s c h e Anschauung in unser Bewusstsein kommt, wie die Erkenntniss dieser ganzen für uns
so realen und wichtigen Welt in uns e n t s t e h t. »Schopenhauer a. a. O. S. 519».

Und doch könnte ein Blick auf die Vorrede der Prolego.
mena die geschichtliche Stellung Kants und die Veranlassung
der transszendentalen Analytik in genügend hellem Lichte erscheinen lassen, um einzusehen, dass der Autor, von der
Untersuchung des Hume'schen Kausalitätsbegriffs ausgehend,
den Sensualisten gegenüber die apriorischen Begriffe, gegen

Leibnitz den Geltungscharakter der Sinnlichkeit zu schützen zu seinem Probleme erhob. Und das Ergebniss lautet: Erfahrung ist das Produkt des Verstandes aus Materialien der Sinnlichkeit. Letztere ist eine dem Denken ebenbürtige Quelle der Erkenntniss.

Die Formen der Sinnlichkeit sind a priori, und nur an ihnen lassen sich Gesetze, Bedingungen der Erfahrung erkennen. Das Mannigfaltige der Erscheinungen kommt dieser Untersuchung nur seinem aus ihm analysirten nichtsdestoweniger a priori erkannten!) gesetzlichen Inhalte nach in Betracht. Dieser Inhalt ist die Form (der Anschauung und des Denkens. Das Denken ist die Assoziation der Eindrücke.

Aber diese Assoziation wurzelt ihrerseits wieder in Gesetzen, woraus die Regeln für Apprehension, Assoziation (und Reproduktion) des Mannigfaltigen herflissen.

Wir nennen den Grund der Regel für die Assoziation, (bei der der Sensualist Halt macht) die Rekognition im Begriffe. Immer bleibt das ganze Erkenntnissgeschäft noch zufällig, wenn es nicht durch ein oberstes Gesetz verbürgt wird. Diese Bürgschaft leistet der oberste Grundsatz der Einheit der Erfahrung, und eine höhere Gewährleistung gibt es weder, noch ist sie vonnöten.

Eine Untersuchung, die den Naturmechanismus auf seine Gesetzlichkeit zu prüfen und die apriorischen und aposteriorischen Elemente der Erfahrung auszuscheiden, den Rechtsstreit zwischen Empirismus und Rationalismus zu schlichten unternimmt, wird doch wohl von den qualitativen Unterschieden der Vorstellungen Abstand nehmen und sich auf deren quantitative und dynamische Prinzipien richten müssen.

Den Ansprüchen der Sinnlichkeit wird Kant in der tr. Aesthetik gerecht. Erkenntnisstheorie und physiologische Psychologie aber sind verschiedene Disciplinen, deren Grenzen ebensowenig verwischt werden dürfen, wie diejenigen der Anschauung und des reinen Denkens in dem clairobscur einer Intellektualanschauung neutralisiert werden sollen, wenn nicht »heillose Konfusion« entstehen soll. Demgemäss trägt in der transszendentalen Analytik auch die Materie einen formalen Charakter.

»Die Materie ist nichts Anderes als eine blose Form, oder eine gewisse Vorstellungsart eines unbekannten Gegenstandes, durch diejenige Anschauung, welche man den äusseren Sinn nennt.« (Kr. d. r. W. S. 324).

Durch die erwähnte Ausstellung gibt sich Schopenhauer das fromme Ansehen, dem formalen Idealismus gegenüber das Recht der »Wirklichkeit« zu vertreten und auf dem sichern Boden der so wichtigen realen Welt zu wandeln.

Dass gerade er (im Gegensatz zu Kant) der empirischen Realität gänzlich den Rücken wendet, um den »Genieschwung« ins Reich der mystisch-romantischen Speculation zu unternehmen,

daruber wollen wir uns durch seine physiologisch-psycholo-
gischen Exkurse, die er bei Gelegenheit der Abhandlung über
die »Intellektualität der empirischen Anschauung« und den
»Verstand« unternimmt, nicht irre führen lassen, denn diese
Erörterungen dienen nur zur Unterstützung seiner Hypothese
vom allerzeugenden Willen und dessen Emanationen.

»Allein darüber«, fährt Schopenhauer a. a. O. fort, (nämlich über den Inhalt der Anschauungsformen und die Entstehung
des Mannigfaltigen derselben· »enthält die ganze Lehre Kants
nichts weiter als den oft wiederholten nichtssagenden Ausdruck: »Das Empirische der Anschauung wird uns von Aussen
gegeben«.

Was den Ausdruck »Gegeben« anbelangt, so werden wir
alsbald auf denselben zurückkommen. Aber hier sind zwei
Worte eingeschoben, deren sich Kant in diesem Zusammenhang nicht bedient hat: »von Aussen.«.

Und diese zwei Worte enthalten die Fälschung der Kant'-
schen Lehre »in einer Nuss«.

Durch diesen Zusatz soll Kant zum empirischen Idealisten
und transszendentalen Realisten gestempelt werden und das
»Ding an sich« und seine »Einführung« eine positive und daher falsche Deutung gewinnen, wodurch dann freilich für
Schopenhauer der Weg zur »Vollendung der Kant'schen Philosophie« geöffnet wäre.

Der Ausdruck »von Aussen« wird von Kant gleich andern
psychologischen Bezeichnungen im populären Sinne gebraucht,
und erst im späteren Verlaufe der Darstellung nimmt der Autor
Veranlassung, die gewöhnliche Auffassung im Sinne seiner
Theorie zu berichtigen. Mit den Bezeichnungen »Gegenstand
der Vorstellung«, »Gegeben« und manchen anderen machen
wir dieselbe Erfahrung, und es entsteht daraus, dass die populäre und terminologische Wortbedeutung neben einander gebraucht wird, manches Missverständnis, das aber zu beseitigen
ist, wenn man auf den Zusammenhang achtet, in dem der Ausdruck gebraucht wird.

Schopenhauer aber verschmäht es nicht, diesen Umstand
für sich zu benützen, um den Leser irre zu führen, wie sich
später zeigen wird. Schlimmer noch ist das absichtlich her-
beigeführte Missverständnis, das er durch Herausreissen von
Sätzen aus dem Zusammenhang und willkürliche Zusätze wie
den obigen erzielt.

Kant scheint auf derartige »Kritik« gefasst gewesen zu
sein, wie der Schluss zur Vorrede in der 2. Auflage der Kr.
d. r. V. (S. 34) beweist. — Suchen wir nun zunächst uns den
terminus »Gegeben« im Sinne Kants klar zu machen.   »Gegeben«.

Es hatte sich Kant in dem Dilemma zwischen Hume und
Leibnitz die Ueberzeugung eröffnet, die auch durch Fichtes
und seiner übrigen nächsten Nachfolger Bemühungen bestätigt
wurde, dass man weder von den Dingen, noch vom Intellekt

einseitig ausgehend zu einer widerspruchsfreien Theorie der Erfahrung gelangen könne. Ueberdies hatte die rationelle Psychologie ihm ihren dogmatisch-theologischen Charakter enthüllt.

Die Folge davon war einerseits die Abwertung des Ich, das er für die ärmste Vorstellung unter allen erklärte. Anderseits mussten auch die Dinge der verwirrenden Mannigfaltigkeit der Qualitäten entkleidet werden, wenn sie zu objectiver Realität gelangen sollten.

Die beiden in Correlation stehenden noch unbestimmten Gegenstände der Erfahrung (Subject-Object) mussten teils von ihren subjektiven, teils von ihren transszendenten Merkmalen gereinigt werden, wenn sie sich anders zu einem Ganzen der Erfahrung zusammenschliessen sollten.

So räumte Kant der Sinnlichkeit einen dem Denken ebenbürtigen Geltungscharakter ein, liess aber die Materie nur ihrem formalen Charakter nach an der Objektivität der Erfahrung und ihrem Zustandekommen teilnehmen. Denn wenn sich die Dinge um die Begriffe drehen sollten, so waren doch nur ihre formalen und daher gesetzmässigen Elemente in den objektiven Bestand der letzteren aufzunehmen.

Insoferne alle Erfahrung mit den sinnlichen Erscheinungen anheben muss, also mit dem Mannigfaltigen, musste das letztere als »gegeben« bezeichnet werden. »Gegeben sein heisst aber auf Erfahrung bezogen sein.«

»Einen Gegenstand geben ist nichts Anderes, als dessen Vorstellungsart auf Erfahrung beziehen.« Kr. d. r. V. S. 154

»Erfahrung ist ein empirisches Erkenntnis, d. i. ein Erkenntnis, das durch Wahrnehmungen ein Objekt bestimmt. Sie ist also eine Synthesis der Wahrnehmungen, die selbst nicht in der Wahrnehmung enthalten ist, sondern die synthetische Einheit des Mannigfaltigen derselben in einem Bewusstsein enthält, welche das Wesentliche einer Erkenntniss der Objekte der Sinne, d. i. der Erfahrung nicht blos der Anschauung oder Empfindung der Sinne ausmacht.« (ibid. S. 770.)

Diese Stelle hat eine Art programmatischen Charakters, und wir haben nur noch etwas näher das Verhältnis des »Gegebenen« und seine Beziehung zu den beiden apriorischen Bedingungen der Erfahrung, der reinen Sinnlichkeit und dem reinen Denken, zu beleuchten.

Das »Gegebene« unterscheidet sich in Kants Theorie der Erfahrung (als reiner Naturlehre) von der reinen Anschauung nur mehr wie der besondere Fall vom Gesetz. Aber das gegebene Mannigfaltige kommt a posteriori ins Bewusstsein, und Empfindung ist dasjenige, was eine Wirklichkeit im Raum und der Zeit bezeichnet.

Die reine Anschauung schreibt diesem Wirklichen die Bedingungen vor, unter denen es ins Bewusstsein gelangen kann; zugleich aber antizipiert das reine Denken eine Qualität der

Empfindung, in der ihre Realität und Objektivität verbürgt ist,
nämlich, dass sie einen Grad besitzen müsse.

Mit dieser Qualität ist schlechterdings alles erschöpft,
was an dem ›Gegebenen‹ a priori zu erkennen ist.

Aber ohne diese Antizipation der Wahrnehmungen bliebe
das ganze Erkenntnisgeschäft auf subjektivem Boden stehen,
da Empfindung an sich gar keine objektive Vorstellung ist, und
in ihr weder die Anschauung vom Raum, noch von der Zeit
angetroffen wird. (ibid. S. 163.)

Von den Dingen aus ist Erfahrungserkenntnis unmöglich,
da ihre Eigenschaften ›nicht in unsere Vorstellungskraft hin-
über wandern können‹. Die Möglichkeit der Erfahrung liegt
also in den apriorischen Elementen der letzteren und den daraus hergeleiteten synthetischen Sätzen a priori, die auf das
aktuell ›Gegebene‹ angewendet werden. Der Ausdruck ›gegeben‹ besagt also erstens, dass das Mannigfaltige der Erscheinungen den ordnenden Prinzipien der Einheit des Bewusstseins als Materie der Erfahrung zu Grunde liege, anderseits
liegt darin der Verzicht darauf, die Affektionsquelle der Sinnlichkeit aufzeigen zu wollen. Und demgemäss bedeutet das
Gegebensein des Mannigfaltigen zweitens eine Veränderung
in der Beziehung der Empfindungen.

Anstatt auf eine ausserhalb des Bewusstseins stehende
Ursache bezogen zu werden, setzen wir dieselben (als Vor-
stellungen des äusseren Sinnes, die aber als solche doch dem
innern Sinne oder dem empirischen Subjekte angehören) in
Beziehung zu dem transszendentalen Subject, das die Einheit der
Erfahrung und also diese selbst möglich macht, indem es alle
Wahrnehmung in dem apriorischen Begriffe von einem Objekte
überhaupt zusammenfasst und vereinigt.

›Gegeben sein‹ heisst auf Erfahrung bezogen sein. Der
Grund der Erfahrung ist die Einheit des Bewusstseins oder
die transszendentale Apperzeption, die alles Gegebene in
einem Begriffe vom Objekte vereinigt.

Schon diese flüchtige Betrachtung muss uns die Einsicht
eröffnen, dass der Zusatz ›von aussen‹ zu dem terminus ›gegeben‹ von Kant gar nicht gemacht werden konnte. Aber das
wahrhaft tendentiöse Missverständnis der Kant'schen Lehre enthüllt die nachfolgende Stelle, (S. 516 a. a O.), die ich mit einigen
Kürzungen hier anführen muss.

›Mit der in der ersten Auflage der Kritik der reinen Vernunft so deutlich ausgesprochenen idealistischen Grundan-
sicht steht die Art, wie Kant das ›Ding an sich‹ einführt, in
unleugbarem Widerspruch, und ohne Zweifel ist dies der
Hauptgrund, warum er in der zweiten Auflage die angegebene
idealistische Hauptstelle supprimirte und sich geradezu gegen
den Berkeley'schen Idealismus erklärte, wodurch er jedoch
nur Inkonsequenzen in sein Werk brachte, ohne dem Haupt-
gebrechen desselben abhelfen zu können.

›Dieses ist bekanntlich die Einführung des Dinges an
sich auf die von ihm gewählte Weise . . . . Die Sache
lässt sich mit sehr Wenigem deutlich machen. Kant gründet
die Voraussetzung des Dings an sich auf einen Schluss nach
dem Kausalgesetz, dass nämlich die empirische Anschauung,
richtiger die Empfindung in unserm Sinnesorganen, von der
sie ausgeht, eine äussere Ursache haben müsse. Nun aber ist,
nach seiner eigenen und richtigen Entdeckung, das Gesetz der
Kausalität uns a priori bekannt, folglich eine Funktion unseres
Intellekts, also subjectiven Ursprungs; ferner ist die Sinnesempfindung selbst, auf welche wir hier das Kausalitätsgesetz
anwenden, unleugbar subjectiv; und endlich sogar der Raum,
in welchen wir mittelst dieser Anwendung die Ursache der
Empfindung als Object versetzen, (letzteres bekanntlich eine
Hypothese Schopenhauers!) ist eine a priori gegebene, folglich
subjektive Form unseres Intellekts.

Mithin bleibt die ganze empirische Anschauung auf subjektivem Grund und Boden, als ein blosser Vorgang in uns,
und nichts von ihr gänzlich Verschiedenes, von ihr Unabhängiges lässt sich als ein Ding an sich hineinbringen, oder
als notwendige Voraussetzung darthun‹ etc.

Ferner: ›nur die Ableitung des Dinges an sich ist fehler-
haft, nicht die Anerkennung eines Dinges an sich zur gegebenen
Erscheinung‹. (S. 516

Diese anderthalb Seiten der Schopenhauer'schen Kritik
schütten eine solche Fülle unrichtiger und verwirrender Be-
hauptungen über die Kritik d. r. V. aus, dass wir zu besserer

„Von aussen
gegeben." Uebersicht sie ziffermässig ordnen müssen.

1 Die Sinnesempfindungen haben eine ›äussere Ursache‹
nur im populären Sinn, die kritische Erwägung kennt dieses
›von aussen‹ (das von Schopenhauer eingeschoben wird)
nicht, da zwischen den Vorstellungen des innern und äussern
Sinnes kein prinzipieller Unterschied besteht; die Empfindungen
gehören als Vorstellungen dem innern Sinn an. Die Empfindung ist das Anzeichen, dass etwas Wirkliches im Raume vorhanden sei.

Aber dieser Raum ist doch wieder nur in uns vorhanden!

In der transszendentalen Aesthetik wird die Materie als
dasjenige bezeichnet, was der Empfindung korrespondiert.

Daraus mag nun zunächst das Missverständnis entspringen,
als komme ihr eine von der Wahrnehmung unabhängige transszendentale Realität zu, und als müsse sie, dem populären Bewusstsein analog, als die Ursache der Empfindungen angesehen
werden. Die naive Betrachtungsweise erblickt zunächst in den
empirischen Gegenständen (der Materie) die Affektionsquelle
der Sinnlichkeit; und nach Schopenhauer soll nun Kant die
wirkende Grundursache der Erscheinungen dem »Ding an sich«
zugeschrieben haben, d. h. demjenigen Etwas, das nach Abzug
der sinnlichen Vorstellung noch etwa zurückbleibe.

Diese gänzlich irrige Auffassung wird in der transszendentalen Aesthetik, im 4 Paralogismus und im Kapitel von
den Noumenen gründlich widerlegt.
Allein wir wenden uns zunächst, das Ding an sich· für
einen Augenblick bei Seite setzend, zu der Behauptung, dass
die empirische Anschauung eine äussere Ursache haben müsse,
um den Ausdruck ›äussere Ursache· oder ›von aussen gegeben
als einen im Sinne der Kritik d. r. V. gänzlich gegenstands-
losen zu beseitigen und mit ihm zugleich das ›affizierende
Etwas· abzuweisen.
›Wir nehmen, (heisst es in der Betrachtung über die
Summe der reinen Seelenlehre S. 326 die Erscheinungen einer
unbekannten Ursache für die Ursache ausser uns, welches
nichts als Verwirrung veranlassen kann.‹ Ferner, nachdem
wir durch die tr. Aesthetik längst über die Idealität des Raumes
belehrt sind, heisst es im 4. Paralogismus S. 315: ›Die Vorstellungen der Materie und körperlicher Dinge sind lediglich
Erscheinungen. d. i. blosse Vorstellungsarten, die sich jederzeit
in uns befinden . . . . Der empirische Gegenstand heisst
ein äusserer, wenn er im Raume und ein innerer, wenn
er lediglich im Zeitverhältnisse vorgestellt wird; Raum und
Zeit sind beide nur in uns anzutreffen.‹ Und weiter S. 324.
›Die Materie, deren Gemeinschaft mit der Seele so grosses
Bedenken erregt, ist nichts Anderes als eine blosse Form oder
eine gewisse Vorstellungsart eines unbekannten Gegenstandes
durch diejenige Anschauung, welche man den äussern Sinn
nennt.·
Damit verschwinden gleichzeitig die Gegensätze von (em-
pirischem) Subjekt und Objekt und von innen und aussen.
Das Aussensein der Dinge, bezw. das ›von aussen Kommen
der Empfindungen wird in diesem Zusammenhange geradezu
als Täuschung bezeichnet: S. 326 . . . . ›nur dass die
Gegenstände, deren Vorstellung wir äussere nennen, dieses
Täuschende an sich haben, dass, da sie Gegenstände im Raume
vorstellen, sie sich gleichsam von der Seele ablösen und ausser
ihr zu schweben scheinen.‹
Erwägen wir nun gewissenhaft den Inhalt der angeführten
Stellen, so ergibt sich als unzweifelhafter Sinn der Kant'schen
Lehre: a) dass dieses ›von aussen· für dieselbe keine Bedeutung
habe; b) dass der Ausdruck ›Erscheinung‹ nicht seinen Ursprung
in dem Hinweis auf das hinter der letzteren (der Erscheinung)
stehende ›etwaige transszendentale Substratum‹ habe, sondern
bloss der Erwägung Ausdruck gibt, dass wir es überall bloss
mit unseren Vorstellungen, nicht mit Dingen an sich zu thun
haben.
Auf dem Standpunkt des empirischen Realismus müssen
wir (wenn wir mit diesem Ernst machen wollen), die intelligible
Welt und mit ihr das ›affizierende Etwas‹ gänzlich abweisen:
letzteres ist für die Erklärung des gesetzmässigen (apriorischen
Bestandes der Erfahrung gänzlich überflüssig, also ausserhalb

des ganzen Problems und nichts weiter als der Ausdruck unwissenschaftlicher Neugier.

„Ding an sich". Wenn nun Schopenhauer versichert, nichts von der empirischen Anschauung gänzlich Verschiedenes lasse sich als ein Ding an sich hineinbringen, so befindet er sich hierin völlig im Einklang mit Kant.

Aber die Behauptung, die äussere Ursache der Empfindungen« werde von diesem auf das »Ding an sich« zurückgeführt und zwar mittelst eines Schlusses nach dem Kausalitätsgesetz, setzt die gänzliche Unkenntnis des Lesers von dem Kapitel über die »Noumena« voraus.

Wenn auch Kant selbst mit dem Worte »Erscheinung« auf das affizierende Etwas hinzudeuten und dies wieder in dem »Ding an sich« zu erblicken scheint, so muss uns doch die genaue Lektüre des Abschnitts von den »Noumenen« diese Täuschung benehmen.

Etwas verfänglich freilich lautet die Stelle S. 231. »Denn wenn uns die Sinne etwas bloss vorstellen, wie es erscheint, so muss dieses Etwas doch auch an sich selbst ein Ding und ein Gegenstand einer nichtsinnlichen Anschauung, d. i. des Verstandes sein, darin keine Sinnlichkeit angetroffen wird, und welche allein schlechthin objektive Realität hat, dadurch uns nämlich Gegenstände vorgestellt werden, wie sie sind, dahingegen im empirischen Gebrauche unseres Verstandes Dinge nur erkannt werden, wie sie erscheinen.«

Daraus scheint nun zu resultieren:

a) Mit Hinweglassung der sinnlichen Bedingung erkennt der Verstand vermittelst der ihm eigenen Denkformen (Kategorien) das Unbedingte oder das Ding an sich;

b) Dieses Ding an sich muss nun natürlich auch die eigentliche Ursache desjenigen sein, was seine (mit den Schlacken der Sinnlichkeit behaftete) Erscheinung ist.

»Da aber Kausalität, Raumanschauung und Sinnesempfindung subjektiv sind, folgert Schopenhauer weiter S. 516, so bleibt die ganze Erscheinung auf subjektivem Boden stehen, und nichts von ihr Unabhängiges lässt sich als ein Ding an sich hineinbringen oder als notwendige Voraussetzung darthun. Wirklich ist und bleibt die empirische Anschauung unsere blosse Vorstellung. . . Zum Wesen an sich dieser können wir nur auf dem ganz anderartigen von mir eingeschlagenen Wege . . . gelangen.«

Wir sehen, es ist Schopenhauer um jeden Preis darum zu thun, Kant zum empirischen Idealisten zu stempeln, dem aber die richtige Ableitung des »Dinges an sich« nicht gelungen sei, weshalb nun der Erfinder der Hypothese vom Willen als Ursache des Weltprozesses als Vollender der Kant'schen Philosophie begrüsst werden müsse.

Indessen muss uns doch der weitere Fortgang der Ausführungen über die Noumena belehren, dass nach Abzug der sinnlichen Vorstellung von der Erscheinung nicht der mindeste Rest also auch kein »Ding an sich« zurückbleibt.

Der Ausdruck »Erscheinung« deutet nur auf die notwendige Einschränkung unserer Erkenntniss (und unserer Wissbegierde!) auf die Modifikation hin. in der unserer Sinnlichkeit Dinge gegeben sind.

Damit ist aber nichts Positives für den Begriff »Erscheinung« zugestanden; das Gedankending, das sich der Verstand durch einen Schluss nach dem Kausalitätsgesetz bildet, bleibt für die Metaphysik der Erfahrung ein Hirngespinst, da die Sphäre des Verstandes problematisch weiter reicht als die der Anschauung, ohne dass aber dem prächtigen Begriffe des ersteren noch ein Objekt entspricht.

Zur wirklichen Erkenntnis ist das Zusammenwirken beider Erfahrungsbedingungen nötig, der Verstand allein kann meinen Gedanken von allen Bedingungen sinnlicher Anschauung befreien,« aber seinem Noumenon keine positive Bedeutung geben, ihm nicht zum Dasein verhelfen.

Die Dinge an sich sind die Gegenstände eines transszendentalen Scheines. Es deutet also das Wort »Erscheinung« und sein Korrelat »Ding an sich« nur darauf hin, dass es eine logische Vorschrift der Vernunft sei, vom Bedingten (Erscheinung) zum Unbedingten aufzusteigen, keineswegs aber folgt daraus, dass einem solchen Vernunftpostulat, das die schematische Uebung des Verstandes bis zum Unbedingten fortzusetzen gebietet, auch ein Gegenstand entspreche.

Welchen Wert nun die versuchte Annäherung an die Totalität der Bedingungen für das Naturerkennen und die ethischen Interessen habe, kommt für die Kritik der Erfahrung nicht in Betracht, noch weniger berechtigt dieser Teil der »transszendentalen Dialetik« zu dem Schluss. Kant habe das »Ding an sich« in die Erscheinung zu bringen versucht. Die Erfahrungswelt und die »intelligible« sind gänzlich disparate Gebiete.

2. Können wir nun weder die angebliche Ableitung des Dinges an sich, noch die vermeintliche Korrelation desselben zur gegebenen Erscheinung. noch das »von aussen Kommen« eines »affizierenden Etwas« als dem Ideengang der Kritik d. r. V. angehörig erklären, so müssen wir auch die behauptete Subjektivität der Kausal- und Raumform (im nämlichen Zusammenhang S. 516 u.) als im offenen Widerstreit mit der Art, wie nach der tr. Analytik die Objektivierung der Erscheinungen sich vollzieht, erkennen. Ja, nach Schopenhauer wären die termini a priori und subjektiv geradezu synonyma!

„Subjektivität des Kausalitätsgesetzes. der Raumanschauung und des ganzen Vorstellungsinhaltes."

Nun wissen wir aber, dass die Erfahrung (als Naturwissenschaft) resp. die Theorie derselben, ausgeht von dem Unterschiede der Wahrnehmungs- und Erfahrungsurteile, und dass durch die Apriorität der Denkformen, welche die Bestimmungen des Gegebenen der sinnlichen Anschauung vollziehen, objektive Erkenntnis zu Stande kommt.

Bezüglich der Raumform sei auf eine Stelle der tr. Aesthetik verwiesen: »Es gibt aber ausser dem Raume keine andere subjektive und auf etwas Aeusseres bezogene Vorstellung, die a priori objektiv heissen könnte.« Die räumliche Anschauung ist die erste Stufe zur Objektivirung des Gegebenen.

Für die gewöhnliche Auffassung ist freilich Alles, was dem Intellekt entstammt, subjektiv, alles im Raum Befindliche Objekt der Vorstellung.

Aber die ausschliessenden Gegensätze von Subjekt und Objekt zu beseitigen (die wahre cux metaphysicorum!) und alle Objektivität aus der Einheit des wissenschaftlichen Bewusstseins herzuleiten, deren methodische Synthese die apriorischen Begriffe hervortreten lässt, das ist die Aufgabe, die sich die »Deduktion der reinen Verstandsbegriffe« stellt. Man kann nun zwar gegen die letztere und den ›Gegenstand der Vorstellung‹ im Kant'schen Sinne polemisieren, es ist aber unstatthaft, die besondere Bedeutung der ternimi eines Schriftstellers zu ignorieren und mit denselben den gewöhnlichen Wortsinn zu verbinden, wenn man sich zur Kritik des Autors anschickt.

Die Erörterung des von Schopenhauer heftig angegriffenen Gegenstandes der Vorstellung› wird uns näher auf den hier berührten Streitpunkt eingehen lassen.

Wir wollen aber die Erörterung dieses Begriffes noch aufschieben, um den letzten der im angegebenen Zusammenhang auftauchenden Beschwerdepunkte ins Auge zu fassen.

Wenn wir also auch zugeben, dass die Sinnesempfindung, auf die wir das Kausalitätsgesetz anwenden, unleugbar subjektiv ist, so sprechen wir doch (um das Programm der späteren Erörterung zu geben› in der schematisierten Kategorie den Grund und die Möglichkeit des Gegenstandes der Vorstellung an und bestreiten entschieden, dass ›die ganze empirische Anschauung durchweg auf subjektivem Boden stehen bleibe.‹

›Schlea vor dem entschiedenen Idealismus«. „Widerspruch der 1. und 2. Auflage«. *

Es ist vollkommen glaubwürdig, dass der Zusatz zur 2. Auflage, der eine neue Widerlegung des psychologischen Idealismus und einen strengen Beweis von der objektiven Realität der äusseren Anschauung enthält, durch das Missverständnis, Kants Lehre sei nur aufgefrischter Berkeley'scher Idealismus, veranlasst worden ist, wie Schopenhauer in seinem bekannten Brief an Rosenkranz teilweise abgedruckt in der Kehrbach'schen Ausgabe d. Kr. d. r. V.› vermutet, wenn wir auch nicht geneigt sind, Kant andere als wissenschaftliche Motive für diese Veränderung zuzuschreiben.

In der That musste ihm eine solche Verwechslung ebenso widerwärtig erscheinen, als es, wenn ich mich dieses Beispiels bedienen darf, ohne Zweifel Luther bestürzt hätte, wenn man seine Auffassung der Abendmahlslehre mit der symbolischen Auslegung Zwinglis identifiziert hätte.

Wir verstehen wohl, was den Unwillen Schopenhauers gegen die 2. Auflage und namentlich gegen die angefügte

›Widerlegung des Idealismus‹ ›Kr. d. r. V. S. 208 ff‹ in so hohem Masse erregt.

Mit der Kritik der Paralogismen und selbst dem 6. Abschnitt ›über die Antinomie der reinen Vernunft‹ wäre Schopenhauers System noch zur Not in Einklang zu bringen, wobei letzterer dann das Verdienst in Anspruch nähme, im ›Willen‹ das wahre transszendentale Objekt an Stelle des von Kant ›falsch abgeleiteten‹ Dinges an sich substituiert zu haben. Mit dem erwähnten Zusatz aber muss für ihn jede Hoffnung schwinden, in Kant seinen minder glücklichen Vorgänger und einen Anhänger des ›entschiedenen‹, d. h. materialen Idealismus zu erblicken, der gleich Schopenhauer (samt Veden, Puranas und anderen interessanten Büchern) die Erkenntniss der wirklichen Welt für das ›Gewebe der Maja‹ oder einen ›hingeworfenen Strick, den der Wanderer für eine Schlange betrachtet‹, und wie die von Schopenhauer angezogenen Gleichnisse heissen mögen, kurz für etwas völlig Trügerisches betrachtet, von dem ›man weder sagen könne, dass es sei, noch dass es nicht sei‹.

Die empirische Realität der Erscheinungen kommt in dieser ›Widerlegung des Idealismus‹ zum schärfsten Ausdruck, und wenn es nicht gelingt, die völlige Kongruenz des in diesem Zusatz Enthaltenen mit der Lehre der 1. Auflage zu erweisen, so bleibt uns in der That nur die Alternative, das System als widersprechend im Ganzen zu erklären oder Kant jener senilen Schwäche zu zeihen, aus der Schopenhauer die angeblich widersprechenden Elemente der 2. Auflage herleiten will. Namentlich scheint letzterem die genannte zusätzliche Abhandlung mit dem 6. Abschnitt von der ›Antinomie der reinen Vernunft‹ in unlösbarem Widerspruche zu stehen. Wir glauben, die Stelle namhaft machen zu dürfen, die Schopenhauer hier besonders im Auge hat, nämlich S. 402. . . . ›Da der Raum schon eine Form derjenigen Anschauung ist, die wir die äussere nennen, und ohne Gegenstände in demselben es gar keine empirische Vorstellung geben würde: so können und müssen wir darin ausgedehnte Wesen als wirklich annehmen, und ebenso ist es auch mit der Zeit‹.

Bis hieher ist die empirische Realität der Erscheinungen völlig gewahrt.

Aber die folgenden Zeilen können Bedenken erregen: ›Jener Raum selbst aber, samt dieser Zeit, und zugleich mit beiden alle Erscheinungen, sind doch an sich selbst keine Dinge, sondern nichts als Vorstellungen und können gar nicht ausser unserm Gemüt existieren, und selbst ist die innere und sinnliche Anschauung unseres Gemüts, (als Gegenstand des Bewusstseins), dessen Bestimmung durch die Succession verschiedener Zustände in der Zeit vorgestellt wird, auch nicht das eigentliche Selbst, so wie es an sich existiert, oder das transszendentale Subjekt, sondern nur eine Erscheinung, die der Sinnlichkeit dieses uns unbekannten Wesens gegeben worden‹‹.

»›Erscheinungen nichts als Vorstellungen, die nicht ausser
unserm Gemüt existieren können ‹ — hier scheint doch die
Erscheinung ohne Rest in der Vorstellung aufzugehen, und es
will wenig besagen, dass die Vorstellungen auch »wirklich›
sind. ›Einige Zeilen oberhalb heisst es dagegen, der transszendentale Idealismus erlaube, dass die Gegenstände äusserer
Anschauung ebenso wie sie im Raume angeschauet werden,
auch wirklich seien. Hier scheint doch ein Widerspruch zu
obwalten.‹ Ein neuerer Autor Kuno Fischer›, der wiederholt
Schopenhauer seine Bewunderung ausspricht, bezeichnet die
Widerlegung des Idealismus als die ›schiefe Richtung, die Kant
in der 2. Auflage der Kritik genommen habe‹. Aber wir fühlen
uns schon durch die Gegenüberstellung obiger Citate aus dem
6. Abschnitt der Antinomien befremdet. Es möchte lehrreich
sein, die Anmerkung K Fischers zu erwägen. ›Gesch. d. neueren Philos. Bd. 3 S. 430 :

›Und die ganze Demonstration lief darauf hinaus, dass
erst das Dasein der Dinge ausser uns die Wahrnehmung unserer
selbst möglich macht. Als ob im Geiste der Kritik die Dinge
ausser uns etwas anderes sein könnten als die Dinge im Raum;
als ob der Raum etwas anderes wäre als unsere Vorstellung,
also die Dinge ausser uns etwas anderes als unsere räumlichen
Vorstellungen. Das ist keine Widerlegung Berkeley's . . .‹
u. s. w.

»Berkeley wusste auch, dass alle unsere Objekte nur Vorstellungen sind: aber er hatte keine Ahnung davon, wie aus
solchen Objekten jemals Erkenntnis werden könnte, darum ver-
fiel seine Lehre dem Skeptizismus Humes.‹ K. Fischer a. a. O.›

Und die Stelle: »Wenn ich das denkende Subjekt weg-
nehme, muss die ganze Körperwelt fallen« hat Kant nach
Schopenhauer in der 2. Auflage ›supprimiert: aus Scheu vor
dem entschiedenen Idealismus. —

Es gilt nun hier zunächst, den Idealismus Schopenhauers
und Berkeleys in kurzen Zügen gegen den transszendentalen
Idealismus abzugrenzen.

Der Angelpunkt ist das transszendentale Objekt.

Für den ›entschiedenen Idealisten‹ ist letzteres ›er nenne
es Gottheit oder Wille oder wie immer› das wahrhaft Seiende,
die wahre Realität, und da es nur e i n e wahre Realität geben
kann, die Realität schlechthin; und so schwierig es ist, bei den
schwankenden Aussprüchen Schopenhauers einen Schluss auf
seine wahre Ansicht über die Realität der Vorstellungswelt zu
ziehen, so muss doch zugegeben werden, dass die Konsequenz
des materialen Idealismus ›des dogmatischen mindestens) die
Sinnendinge in Schein verwandelt.

Was Berkeley anbelangt, so unterscheidet er sich von
Kant nicht blos durch seine Unkenntnis der notwendigen und
darum objektivierenden Erkenntnisformen, sondern durch die
ganze Art seines Rationalismus. »Berkeley wusste auch, dass
alle unsere Objekte nur Vorstellungen sind‹, sagt K. Fischer

(a. a O.) Aber er wusste nicht, dass es nur eine und zwar empirisch reale Vorstellungswelt gibt, die durch die synthetische Einheit des wissenschaftlichen Bewusstseins garantiert wird. Für ihn gibt es so viele Welten, als es Geister gibt, denen Vorstellungen von Gegenständen durch sein transszendentales Subjekt zugeführt werden. Und die Vorstellungswelt ist daher für ihn (wie für Cartesius) nur erschlossen, mittelbar vorhanden, weshalb er die Materie als widerspruchsvolles Erzeugnis eines von aussen affizierenden Dinges an sich verwarf. Für Kant ist die Vorstellungswelt nicht mittelbar erschlossen. Der transszendentale Idealist räumt die Existenz der Materie ein, aber nicht als Ding an sich, sondern als Empfindungskomplex, soweit es durch die apriorischen Anschauungsformen und die Kategorie der Realität (Antizipation der Wahrnehmung), der anderen Erfahrungsbedingung, dem Denken zur Synthese der Erfahrung überliefert werden kann; alle anderen Qualitäten der Materie (Farbe, Geruch etc.) bleiben subjektiv. Um diese objektive Realität der Materie zuzugestehen, braucht der transszendent. Idealist nicht aus dem Selbstbewusstsein hinauszugehen, denn seine Materie ist ihm in der Sinnlichkeit gegeben, sie ist der wahre Inhalt seines Ich, das Ich des Idealisten ist ihm eine blosse Verbindungsvorstellung; denn Berkeley wurde zum Idealisten, indem er von der Materie als Affektionsursache ausging, sie als widerspruchsvoll verwerfen musste und dann dem Ich der Verbindungsformel der Vorstellungen als Vorstellungswelt aufbürdete: Cartesius, indem er die Gewissheit der Materie aus eben dieser Begleitungsformel durch einen Schluss herleitete; aber diese vermittelte Existenz blieb zweifelhaft.

Wir sehen also: Kant darf die Dinge im Raum unsere blosse Vorstellung nennen, ohne ihrer empirischen Realität das Mindeste zu rauben. Dem Idealisten steht hinter der Erscheinung die wahre Realität, das affizierende Ding an sich, das durch Intellektualanschauung erkannt wird. Der kritische Idealist erklärt, gestützt auf die Form des innern Sinnes (das empirisch bestimmte Bewusstsein des eigenen Daseins), die intellektuale Anschauung des transszendentalen Objekts für Schein, den uns die kritiklose Anwendung der Kategorie der Kausalität vorspiegelt. Die Erscheinungen sind das wahrhaft Reale. Die Realität der Vorstellungen des äusseren Sinnes ist bewiesen:

a, Durch die Möglichkeit, mein Dasein in der Zeit zu bestimmen. Denn Zeitbestimmungen setzen etwas Beharrliches in der Wahrnehmung voraus. Das Beharrliche kann keine Intellektualanschauung sein. Denn in diesem Falle wären die Bestimmungsgründe des Daseins von demjenigen, was sie bestimmen sollen, nicht verschieden. Das Beharrliche, in einer Intellektualanschauung gedacht, ist kein Beharrliches mehr, sondern die blosse Vorstellung eines Beharrlichen.

b Durch die Möglichkeit der (wissenschaftlichen Erfahrung überhaupt. Schärfer als in der »Widerlegung des Idealismus« kann der Unterschied des materialen und kritischen Idealismus nicht mehr zum Bewusstsein gebracht werden; und wir sehen deutlich, dass die Bezeichnung »blosse Vorstellung« in der 6. Antinomie, die wir als problematisch hinstellten, ihre sichere Deutung gewinnt. Wie mir scheint, findet dadurch auch der Einwand K. Fischers seine Erledigung. Wenn Kant für seinen Begriff der Materie betont, sie sei blosse Vorstellung, so wendet er sich als formaler Idealist gegen den Substanzbegriff der Sensualisten und Materialisten, wenn er für die Dinge im Raum empirische Realität fordert und sie als Bestimmungsgründe unseres Daseins bezeichnet, so gilt seine Abwehr der Intellektualanschauung der empirischen Idealisten. die in der Kritik der Paralogismen bereits vorbereitet war und ihn dennoch nicht vor der Gleichstellung mit Berkeley geschützt hatte.

Die Materie ist also in und mit der Form der Anschauung gegeben, da jene, soweit sie objektivierbar ist, nichts anderes enthalten kann als diese, und dies bedeutet, um auf einen Angriff Schopenhauers zurückzugreifen, demnach nichts anderes als: Die Materie der Anschauung kann nicht als Emanation eines transszendentalen Objekts gelten, und sie wird in der reinen Anschauungsform einer gesetzmässigen Abstraktion unterworfen, um zur Objektivierung tauglich zu werden.

Dennoch ist, von den Kategorien der Relation aus betrachtet, das transszendentale Objekt unvermeidlich. Dieser Antinomie begegnet Kant durch die Gleichsetzung des Wertes der Sinnlichkeit mit dem des reinen Denkens, so dass durch die ästhetische Erkenntnisbedingung das Postulat der Kausalität als eines Objects ermangelnd hinfällig wird; denn Gedanken ohne Inhalt sind leer, und die Anschauung ist gegeben. Wir begreifen nunmehr auch die Notwendigkeit der entschiedenen Trennung der Denk- und Anschauungsformen. Nur durch diese Abstraktion war der Schein des transszendentalen Objekts zu überwinden. Diesen unzerstörbaren Schein. die inhaltsleere Vorstellung von einem transszendentalen Objekt, wusste Kant für die Metaphysik der Erfahrung unschädlich zu machen, indem er dem transszendentalen X die synthetische Einheit der Apperzeption, den »schlechthin ersten und obersten Grundsatz der Erfahrung« substituierte. Wer ihn tadelt. dass er nicht den letzten Rest des Unbegreiflichen aus den Bedingungen der Erfahrung zu entfernen wusste. der schwärmt für Icarus und seine Nachfolger und schlägt die Besonnenheit des Meisters gering an, der seine Schwingen nur im Bereiche der Erfahrung zu entfalten beschloss.

Die Kritik der rationalen Psychologie hatte Kant gestattet. die Intellektualanschauung abzuweisen, und da dies den Gegnern noch nicht genügte, fügte er die »Widerlegung des Idealismus« hinzu, die seinen Begriff der Materie noch in höherem

Grade positiv bestimmt und unzweifelhaft erkennen lässt, dass
der Ausdruck ›blosse Vorstellung‹ nur den schärfsten Gegensatz zum ›Ding an sich‹ hervorkehrt.

Denn nunmehr ist, im Gegensatz zu Berkeley, die Einheit
aller Vorstellungen, die im empirischen und transszendental bestimmten Bewusstsein aller (wissenschaftlich) erkennenden Wesen
vorhanden sind, als Materie anerkannt, und die empirische
Realität derselben in der Kategorie der Realität und in der
Thatsache der wissenschaftlichen Erfahrung geborgen, deren
synthetisches Mittel die Kategorien der reinen Apperzeption
bilden. Ohne äussere Wahrnehmungen könnte die Anschauung
der Zeit nicht entstehen; ohne die letztere die reine Apperzeption den innern Sinn nicht transszendental affizieren, um so
den empirischen Anschauungsinhalt zur synthetischen Einheit
einer objektiven Erscheinung zu verbinden. Wenn wir von
der Extension eines raumerfüllenden Körpers, z. B. erwärmter
Luft, sprechen, so wissen wir, dass ohne Verminderung der
extensiven Grösse dieser Körper der intensiven Grösse nach
ins Unendliche abnehmen kann, ohne den kleinsten Teil dieses
von ihm erfüllten Raumes leer zu lassen. In diesem Bewusstsein (a priori) der extensiven und intensiven Grösse dieses
Luftquantums stimmen die Vorstellungen der wissenschaftlich
denkenden Individuen überein, und in ihr ist die Objektivität
und Realität dieser Erscheinung gesichert; und wenn zehn Per-
sonen die Einwirkung dieser erwärmten Luft auf ihre Nerven
empfinden, so haben sie zwar ebensoviele Vorstellungen
von einem Beharrlichen im Raume, aber dieses Beharrliche ist
als Erscheinung eine blosse Bestimmung (Accidens), von der
die Kategorie der Qualität die empirische Realität, die Kategorie
der Substanz den Begriff der Beharrlichkeit, die Kategorie der
Quantität dieEinheit der extensivenAnschauung prädiziert,indessen
die hier unanwendbare Kategorie der Kausalität, die sich nur auf
die dynamische Verbindung (nexus) des notwendig zu einander
gehörigen Gleichartigen erstreckt, uns hier den trügerischen, aber
unabwendbaren Schein einer dynamischen Synthesis ungleich-
artiger Vorstellungen (Materie als Affektionsursache des äusseren
Sinnes) vorspiegelt, während wir doch, der Ursache der sinnlichen Vorstellungen gänzlich unkundig, dieselben als gegeben
anerkennen müssen. Wer nur auf das reine Verstandesurteil
der Kausalität achtet und die Gleichberechtigung der Sinnlichkeit, die das Objekt gibt, missachtet, dem wird die Erscheinung zum Scheine, zur blossen Vorstellung im Sinne
des „entschiedenen Idealismus". In der objektivierenden und
realisierenden Wirksamkeit der reinen Begriffe ist die wissenschaftliche Garantie der Materie enthalten, die ihrerseits als
beharrliches Substrat der Anschauung den Zeitbegriff möglich
macht, den die transszendentale Spontaneität der reinen Apperzeption als Subjekt der Erkenntniss affiziert.

Nachdem sich nunmehr bereits erwiesen hat, dass
für Schopenhauer die ganze empirische Anschauung durch-

Gegenstand
der Vorstellung.
Vermischung d.
anschaulichen
und abstrakten
Erkenntnis."
(Sch. a. a. O.
S. 517 u. ff.)

weg auf subjektivem Boden stehen bleibt, (S. 516 u.) so können wir nicht mehr erwarten, den »Gegenstand der Vorstellung« und den Objektsbegriff, wie er sich aus der transszendentalen Analytik ergibt, einer unbefangenen Würdigung unterzogen zu finden. Von nun an wird die Prüfung der Schopenhauer'schen Kritik eine immer misslichere Aufgabe. Es ist wenig erfreulich, den Spuren eines Schriftstellers zu folgen, gegen dessen redlichen Willen wir schwere Bedenken haben müssen; und so wenig wir geneigt sind, in den unerhörten Ausdrücken dieses Kritikers zu sprechen, so lässt sich doch die Bemerkung nicht umgehen, dass wir in allem, was die Kant'sche Terminologie betrifft und namentlich in den Ausführungen über die in obigen Titeln enthaltenen Elemente des Systems mit absichtlich herbeigeführten Missverständnissen und gröblicher Entstellung der tr. Analytik zu kämpfen haben. Rechnen wir noch dazu den Schwall von nichtigen Phrasen, die nur unter der Voraussetzung der gewöhnlichen populären Wortbedeutung, nicht aber der Kant'schen Terminologie Sinn gewinnen, so muss allerdings eine Widerlegung dieser Kritik beinahe einem Kampfe mit Windmühlen gleichen, und dies mag der Grund sein, warum dieselbe so selten einer Besprechung unterzogen wird, wiewohl doch wiederum der berühmt gewordene Name ihres Urhebers und das Interesse der Kant'schen Philosophie dies zu fordern scheint. Seltsam ist es jedenfalls auch, dass hier der Vorwurf mangelhafter Sonderung der anschaulichen und abstrakten Erkenntnissbedingungen erhoben wird, während neuere Schriftsteller über gewaltsames Auseinanderreissen der generellen Erkenntnissbedingungen Klage führen.

Indem wir die auf die obigen Titel bezüglichen Einreden ins Auge fassen, verzichten wir natürlich darauf, jede einzelne der sich förmlich überstürzenden Stachelreden zu beantworten, die einem gereizten Bienenschwarme gleich hervorschwärmen und den Leser augenscheinlich verblüffen sollen; dies O und Ach ist eigentlich aus Einem Punkte zu kurieren; dennoch rechtfertigt und verlangt der Zweck vorliegender Schrift, wenigstens die gröbsten Auslegungsfehler zu beleuchten. — So an der Spitze den Vorwurf des $\pi\varrho\tilde{\omega}\tau\sigma\nu$ $\psi\varepsilon\tilde{\imath}\delta\sigma\varsigma$, von Kant begangen durch den Satz: » . . . Durch die Rezeptivität der Sinnlichkeit wird uns ein Gegenstand gegeben, durch die Spontaneität des Verstandes wird er gedacht.« (Schopenhauer a. a. O. S. 519 u. f.) Der gegebene Eindruck sei aber noch kein Gegenstand, sondern bloss Empfindung im Sinnesorgan, welche durch Anschauungs- und Verstandesformen in eine Vorstellung umgewandelt werde, die nunmehr als Gegenstand in Raum und Zeit dastehe.

Dies kömmt jedenfalls dem Sinn der Kant'schen Worte sehr nahe. Da man sich bei allem Gegebenen und über dasselbe gemeiniglich auch etwas zu denken pflegt, so dürfte ersteres wohl der Gegenstand des Denkens in allgemeinster Bedeutung sein. Nun wird uns dieser gänzlich unbestimmte Gegen-

stand zunächst als »der Stoff, womit wir unser Gemüt besetzen«,
in räumlicher Form gegeben. Und da wir die Eindrücke in
zeitlicher Succession apprehendieren, so gelangen wir zu dem
Begriff des empirisch, (d. h. lediglich durch Raum- und Zeitform bestimmten) Gegenstandes, wobei indessen das ganze
Erkenntnisgeschäft allerdings noch »durchweg auf subjektivem
Boden stehen bleibt.« Vermöge der Anwendung der mathematischen und dynamischen Grundsätze der Erkenntniss, die
in der Einheit der Apperzeption wurzeln, vollzieht sich die
Einheit der äussern Anschauung und die objektive Zeitbestimmung der Vorstellungen, welche die rezeptive Thätig-
keit des innern Sinnes (i. e. der Form desselben nur im
blossen und bestimmungslosen Verhältnis des Nacheinander
zu ordnen vermochte. Damit ist das Erkenntnissgeschäft ganz
und gar vollzogen, und die Vorstellung transszendental zur
objektiven Vorstellung im strengen terminologischen Sinne
der Kritik d. r. V. bestimmt. Bezüglich dieses »πρωτον
ψευδος«, scheint Schopenhauer offenbar die folgende Stelle der
2. Analogie (S. 182, entgangen zu sein. »Man kann zwar alles
und sogar jede Vorstellung, sofern man sich ihrer bewusst ist,
ein Objekt nennen; allein, was dieses Wort bei Erscheinungen
zu bedeuten habe, nicht insoferne sie (als Vorstellungen) Objekte (sc. des Erkennens) sind, sondern nur ein Objekt bezeichnen, ist von tieferer Untersuchung«. (Das »bezeichnete«
Objekt ist das transszendentale, von dem in diesem Zusammenhang noch zu sprechen ist.)

Eine Vorstellung mit Bewusstsein, die sich lediglich auf
das Subjekt als die Modifikation seines Zustandes bezieht,
nennt Kant Empfindung (sensatio), eine objektive Perzeption
— Erkenntniss (cognitio). (Kr. d. r. V. S. 278)

Der Eindruck oder die Empfindung muss doch wohl
schon Vorstellung im allgemeinsten Sinne heissen, denn was
nicht zum Bewusstsein kommt, hat für die Erkenntniss überhaupt keine Bedeutung, da es unmöglich von der Spontaneität bearbeitet und der Einheit der Erfahrung eingegliedert d. h.
objektiviert werden kann. Was Kant unter letzterer Bezeichnung versteht, haben wir bereits angedeutet und werden noch
weiter darauf einzugehen haben. Dass Schopenhauer, weiter-
fahrend, das reine Denken aus seiner Erkenntnistheorie aus-
schliesst und durch die bereits als unkritisch gekennzeich-
nete Intellektualanschauung ersetzt, ist ein Fehler, den er mit
anderen »entschiedenen« Idealisten gemein hat; wenn er ferner
die Bildung der Begriffe an Stelle des Verstandes der Vernunft überträgt, so ist kein Grund vorhanden, über blosse
Namen zu streiten, wiewohl wir den Kant'schen Vernunft-
begriff gegen seine Angriffe nachdrücklich zu verteidigen
vermöchten. Doch müssen wir zur Vermeidung von Missverständnissen festhalten, dass Schopenhauer Vernunft oder Vermögen der Begriffe nennt, was bei Kant Verstand bedeutet;
letzterer ist bei Schopenhauer ein Vermögen der (intellektu-

alen) Anschauung. Welche ›heillose Konfusion‹ er durch
fortwährende Zugrundelegung seiner Terminologie und seiner
Erfahrungshypothese hervorzurufen vermag, während er die
Kant'sche Theorie zu erörtern vorgibt, mag jedermann leicht
ermessen. Wir versprechen dem geneigten Leser, ihn nicht
durch das ganze Gestrüppe dieser in unermüdlicher Redselig-
keit sich wiederholenden Ausstellungen hindurchzuschleppen,
müssen aber doch hier den Vorwurf der ›heillosen Vermischung
der intuitiven und abstrakten Erkenntniss‹ noch näher zu
kennzeichnen suchen.

(Ibid. S. 520) ›Die Vernunft (bei Kant der ›Verstand‹)
hat den ganzen Inhalt ihres Denkens allein aus der Anschauung und der Vergleichung desselben mit andern Anschauungen
und Begriffen.‹ Dies ist genau und bündig die Lehre der Sensualisten und speziell Lockes über den Ursprung der Ideen
(Begriffe). Wie die Vernunft dazu kommt oder es anstellt,
solche Vergleichungen und Verallgemeinerungen zu gewinnen,
welcher Hebel sie sich bedient, um abstrakte Begriffe aus dem
Anschauungsinhalt herauszuziehen, darüber enthält das lange
und denkwürdige Kapitel über die ›Vernunft‹ (über die
vierfache Wurzel des Satzes vom zureichenden Grunde § 34
Bd. I. S. 116) eigentlich neben vielen etwas burschikosen
Redensarten nur die Angabe: sie lasse, Begriffe bildend, von
den verschiedenen Eigenschaften der Dinge einiges fallen,
während sie anderes behalte und es zu einem Begriffe verbinde,
eine Belehrung, die eine fatale Aehnlichkeit mit der witzigen
Definition der Bildhauerkunst besitzt: man müsse einen Stein
nehmen, und das Ueberflüssige weghauen. Aber freilich, wenn
die Vernunft das nicht einmal könnte, wäre sie denn dann die
Vernunft?!

› Der Teufel muss doch etwas sein,
    Wie gäb's denn sonst auch Teufel?‹
meint der Dogmatiker in Goethes Walpurgisnachtstraum.

Dagegen sind wir durch die Kant'sche Psychologie (in
der Deduktion der reinen Verstandesbegriffe) belehrt, dass
die Rekognition der Anschauungen im Begriffe das nach und
nach Angeschaute und dann Reproduzierte in einer Vorstellung vereinigt. Alle Erkenntniss erfordert einen Begriff, der
seiner Form nach etwas Allgemeines ist, und was zur Regel
dient. Der Begriff vereinigt die notwendige Reproduktion
des Mannigfaltigen zu einer synthetischen Einheit im Bewusstsein. Ohne den Begriff wäre die Zusammenfassung der Merkmale
einer Erscheinung zu einem konkreten Ganzen, (Gegenstande!)
unmöglich. Diese Nothwendigkeit der Synthesis, die wir im
Begriffe rekognoszieren, muss eine transszendentale Bedingung haben. Diese ist die reine Apperzeption, deren besondere
methodische Mittel zur Bildung der Begriffe (und also zur
Synthese der Erfahrung und ihrer Gegenstände) die reinen
Begriffe oder Kategorien sind, mittelst deren die empirischen
oder abstrakten Begriffe zu Stande kommen. Dies in kürzester

Andeutung die Kant'sche Psychologie der Begriffsbildung, welche die Kritik bekämpfen, aber nicht ignorieren darf. Aber nach Schopenhauer hat Kant (man höre und staune!) aus Mangel an hinlänglichem Besinnen die Frage übergangen, was ein Begriff sei! S. 514 desgl. S. 511.

Mit derselben Harmlosigkeit aber, in der Schopenhauer die Vernunft Begriffe bilden lässt, ohne sich das Wie? ernstlich anfechten zu lassen, lässt er a die Anschauungen s c h o n durch sich selbst, auf eigenen Kredit, auch ohne die realisierende Kategorie Realität besitzen, »soweit sie dessen fähig sind«, S 525 o.) b) »sind Raum und Zeit und alles in ihnen Gegebene s c h o n ursprünglich verbunden« S. 530) und c) ist endlich jede empirische Anschauung »s c h o n Erfahrung.« S 527. Wir möchten da mit Horatio sagen, es brauche kein Geist vom Grabe aufzustehen, um uns dies zu melden. Und wir zweifeln auch nicht, dass die Schopenhauer'sche Erkenntnistheorie den Vorzug der Einfachheit und angenehmen Leichtfasslichkeit vor dem ·dunklen, verworrenen und unklaren Vortrag« der Kant'schen Analytik voraus hat. Aber es muss doch bemerkt werden, dass Realität oder intensive Grösse das Fundament der extensiven Grösse und ein Moment der Objektivität und als solches das Thema des 2. Grundsatzes ist, und dass b und c das Problem der tr. Analytik darstellen, das Schopenhauer mit den Worten ist schon· und ·sind schon· im strengen Wortsinn ontologisch löst.

Die Vernunft also bildet nach Schopenhauer Begriffe, »wobei die a n s c h a u e n d e Erkenntnis gänzlich verlassen wird.« Nun geht aber schon aus dem Wortsinn des Begreifens oder Zusammenfassens hervor, dass der Begriff das Mannigfaltige der Anschauung zu einer gegenständlichen Vorstellung zusammenfasst. »So dient der Begriff vom Körper nach der Einheit des Mannigfaltigen, das durch ihn gedacht wird, unserer Erkenntnis äusserer Erscheinungen zur Regel.« (Kr. d. r. V. S. 120). Da das Mannigfaltige der Eindrücke doch noch kein »Continuum« ist, so muss im Intellekt die Bedingung enthalten sein, unter der das unverbundene Mannigfaltige zu einem Gegenstande sich zusammenschliesst. Diese Bedingung ist die tr. Apperzeption, und die Regel der kolligierenden Synthese ist der Begriff.

Die Funktionen der Stammbegriffe überlässt Schopenhauer (um ja originell zu erscheinen der Vernunft. Mag sie zusehen, wie sie mit ihrer Aufgabe fertig wird. Ausserdem muss die Anschauung den Rest der Arbeitslast übernehmen und alles schon fix und fertig in der Wahrnehmung darstellen. In der Kausalität endlich wird Anschauung und Denken vermischt. Aber erstaunlich ist doch wieder die Kühnheit, mit der dieser Autor die Kant'schen Lehren wieder zur Hinterthüre hereinbringt und sie mit Emphase zur Belehrung ihres eigenen Urhebers vorträgt, was ihm wahrscheinlich den Namen eines

»Kantianers« eingetragen hat: in Wahrheit erkennt der aufmerksame Leser seine Erkenntnistheorie unschwer als eine Karikatur des Kant'schen Systems.

»Aber, fährt Schopenhauer fort S. 520, Kant lässt die Anschauung verstandlos, rein sinnlich, ganz passiv sein und erst durch das Denken Kategorie, einen Gegenstand aufgefasst werden, so bringt er das Denken in die Anschauung.«

Nein, so trennt er das Denken von der Anschauung. Letztere gibt das unverbundene Mannigfaltige, erstere verbindet das Gegebene zum Objekt.

»Dann ist wiederum der Gegenstand des Denkens ein einzelnes reales Objekt; wodurch das Denken seinen wesentlichen Charakter der Allgemeinheit und Abstraktion einbüsst und statt allgemeiner Begriffe einzelne Dinge zum Objekt erhält, wodurch er wieder das Anschauen in das Denken bringt.«

So vereinigt Kant das Denken wieder mit der Anschauung, mit dem es ja thatsächlich im wirklichen Erkenntnisprozesse verbunden ist, nachdem er in einem kritischen Abstraktionsverfahren die beiden Bedingungen der Erfahrung rücksichtlich ihres Geltungswertes gesondert erwogen hat. In derselben Bedeutung einer theoretischen Abstraktion sind die sämtlichen Stellen aufzufassen, die Schopenhauer als Belege des »ungeheuern Widerspruches, der durch die ganze tr. Logik geht«, auf S. 521 zur Schau bringt.

Das gänzliche Misverständnis des theoretischen Abstraktionsverfahrens der tr. Logik verrät auch die angehängte Bemerkung: Hieraus folgt, dass die anschauliche Welt für uns da wäre, auch wenn wir gar keinen Verstand hätten«, — denn die Isolierung der Anschauung und des Denkens ist eine Abstraktion zu kritischem Behuf, und gerade die angeführten Stellen beweisen, wie sehr es Kant darum zu thun war, die Beiträge beider Erkenntnisbedingungen reinlich zu sondern und ihrer Vermischung in der ignava ratio einer Intellektualanschauung vorzubeugen.

Die auf S. 522 folgenden Stellen hinwiederum beziehen sich auf die Wiedervereinigung der zu kritischem Behufe isolierten Erkenntnissbedingungen. Die Kategorie ist nur der Begriff von einem Objekt überhaupt, die Anschauung gibt den Inhalt des Objektes, das Zeitschema verbindet die ungleichartigen Elemente, die Grundsätze stellen die Regeln für die Urteilskraft im einzelnen dar. Aber Schopenhauer findet in den S. 522 citirten Stellen einen schreienden Widerspruch gegen die Stellen der vorhergehenden S. 521, welche sich auf die abstrakte Kategorienlehre beziehen. Und doch ist schon auf S. 77 der Kritik d. r. V. zu lesen, dass es »ebenso nothwendig sei, seine Begriffe sinnlich zu machen (d. h. ihnen den Gegenstand in der Anschauung beizufügen), als seine Anschauungen sich verständlich zu machen (d. i. sie unter Be-

griffe zu bringen.« Die Kategorien gehen a priori auf Gegenstände der Anschauung, denn »Gedanken ohne Inhalt sind
leer, Anschauungen ohne Begriffe sind blind«.
Dass das Objekt ein Anschauliches ist (Schopenhauer ibid.)
besser gesagt — enthält, überhebt es doch nicht der Notwendigkeit einer formalen Vereinigung seiner sinnlichen Elemente. Die Apperzeption als Anschauung (ibid.) nennt Kant
die empirische; ein Autor seines Ranges hat die Befugnis,
einen neuen terminus für den Radikalbegriff seines Systems
aufzustellen, dessen Einführung ihm verdankt wird.
Höchst bedenklich aber für unseren Berichterstatter sind
zwei offenbare »Irrungen«, die sich unter den Citaten einge-
schlichen haben und den Sinn der fraglichen Stellen gänzlich
zu Gunsten des Kritikers alterieren. Schopenhauer S. 522 Z. 8
bis 11 ist zu lesen: »S. 04; V. 126 sind die Kategorien Bedingung der Erfahrung, es sei der Anschauung oder des
Denkens, das in ihr angetroffen wird.« Die Stelle lautet bei
Kant (in der Ausgabe von Kehrbach S 110: » . . . Dass
sie die Begriffe a priori als Bedingungen a priori der Möglichkeit der Erfahrung erkannt werden müssen (es sei der Anschauung, die in ihr angetroffen wird, oder des Denkens. «
Ferner Schopenhauer (S. 522 Z. 22—23). »V. S. 143 steht
sogar als Ueberschrift, dass alle sinnliche Anschauung durch
die Kategorien bedingt sei.«
Diese Ueberschrift, die der 2. Bearbeitung der Deduktion angehört, findet sich bei Kehrbach im III. Supplement
S. 660 § 20, bei Kirchmann, der den Text der 2. Auflage
zu grunde legt, S. 146; und lautet: »Alle sinnlichen Anschauungen stehen unter den Kategorien als Bedingungen, unter
denen allein das Mannigfaltige derselben in ein Bewusstsein
zusammenkommen kann«. — Hier ist jede Bemerkung überflüssig. Nur lässt sich beobachten, dass die Citate auf S. 522
und 23 (soweit sie nicht entstellt sind, das allgemeine Verhältnis zwischen Kategorie, Anschauung und Apperzeption in un-
willkürlich glücklicher Auswahl überblicken lassen.
Dass ferner der Verstand die Natur allererst möglich
macht, (ibid. Z. 2 ff. v. u.) das ist der berühmte kopernikanische Grundgedanke der Kritik d. r. V., über den sich Kant
in den Prolegomenen, der Vorrede zur 2. Ausgabe und dem 2.
Abschnitt der Deduktion S. 126, mit hinlänglicher Deutlichkeit
ausgesprochen hat. Gemäss der Einsicht, dass die Vernunft
nur das einsieht, was sie nach ihrem Entwurfe hervorbringt,
zwangen die Naturforscher die Natur mittelst des Experimentes
auf ihre Fragen zu antworten. Und was der erste Demon-
trator des gleichschenklichen Triangels, was Baco, Galilei,
und Copernikus einsahen, dass sie nicht dem, was sie in Figuren
und Körpern sahen, nachspüren, sondern das, was sie nach
Begriffen a priori hineindachten, durch Construktion und Ex-
periment darstellen müssten, die nämliche »Revolution der Denk-
art« auf die Erkenntniss der Natur überhaupt angewendet, eröff-

nete dem kritischen Idealisten die Einsicht, dass der Gegenstand
(als Objekt der Sinne sich nach der Beschaffenheit unseres
Erkenntnisvermögens richten müsse. Dieser Versuch brachte
wenigstens die Kritik der Erfahrung den ersten Teil der
Metaphysik in den sicheren Gang einer Wissenschaft. Da
die Natur ein Inbegriff von Erscheinungen ist, kein Ding an
sich, so kann die Einheit, der notwendige Zusammenhang aller objektiven Vorstellungen, unter deren Voraussetzung sie allein Objekt aller möglichen Erfahrung oder
Natur heissen kann, nirgend anderswo als im Radikalver-
mögen aller unserer Erkenntnis der transszendentalen Apperzeption angetroffen werden. Kr. d. r. V. S. 120. In diesem
Sinne durfte Kant sagen, dass der Verstand die Natur allererst
möglich mache. In der formalen Einheit liegt die Möglichkeit
der Natur wie ihrer einzelnen Objekte.

Um aber den Nebel zu zerstreuen, den Schopenhauer
über das Wesen des Objektes gebreitet hat, ist es nötig, die
Merkmale und Bedingungen des transszendental bestimmten
Objektes zu überblicken, wodurch die Nichtigkeit seiner Angriffe am deutlichsten zu Tage treten wird. Als solche Bedingungen erkennen wir:

a) Das Mannigfaltige der Sinne als Materie des Objekts. b) Die Synthesis.

Die Synthesis. Da die Sinnlichkeit das Vermögen ist, Anschauungen
von einer bestimmten Art zu bekommen, so wird sie von Kant
passiv oder eine Rezeptivität genannt. Aber sie ist nicht
völlig passiv, wie Schopenhauer behauptet. In der räumlichen
Neben- und zeitlichen Successionsordnung des gegebenen
Mannigfaltigen ist sie, ihrer besondern Bestimmung und Art
gemäss, nicht minder thätig wie der Verstand. Aber nur im
Verhältnis des Neben- und Nacheinander kann sie die Erscheinungen in dem von ihr affizierten Subjekt aneinanderreihen.
Verbindung conjunctio kann niemals durch Sinne entstehen.
noch a priori in diesen enthalten sein. Diesen Aktus der
Spontaneität kann nur der Verstand vollziehen Die Verstandes-
handlung, welche die Vorstellungselemente zu Objekten
vereinigt, nennen wir die Synthesis des Mannigfaltigen. Diese
Synthesis gibt also die Form des Objektes, des transszendental bestimmten Objektes der Erfahrung. Kant nennt die
Art der Vereinigung des Mannigfaltigen transszendentale synthetische Einheit der Apperzeption, um zugleich auf die Wurzel
derselben hinzuweisen, und es ist deshalb ganz falsch, dass
statt dieses Ausdrucks Vereinigung ganz allein hingereicht
hätte«. Schopenhauer S. 508 Nicht jede Vereinigung ist
objektive Synthesis.

Die Kategorien. b) Die Kategorien. Alles Mannigfaltige, das in Einer
empirischen Anschauung gegeben ist, wird durch das Vermögen
zu urteilen, (die alleinige Funktion des Verstandes) vereinigt.
Die Funktionen, in denen sich das Urteilen vollzieht, und die
längst durch die logische Technik unter gewisse Titel gebracht

worden sind (auf analytischem Wege), geben den Urteilen Einheit, (ein Geschäft, wovon die allgemeine Logik handelt). Kr. d. r. V. S. 95).

Aber dieselbe Funktion, auf die reine Anschauung angewendet, gibt der blossen Synthesis a priori die Möglichkeit der Einheit des Mannigfaltigen der reinen Anschauung. Diese Synthesis, auf a posteriori gegebenes Mannigfaltiges angewendet, gibt diesem objektive Realität. Die Thatsache der letzteren liegt in der Empfindung, ihr Rechtsgrund aber in der Kategorie. Die synthetische Einheit, die einzelne besondere Funktion des Verstandes für sich betrachtet, heisst der reine Verstandesbegriff oder die Kategorie. Es muss demnach so viele reine Verstandesbegriffe oder Kategorien geben, als sich logische Funktionen des Verstandes aus den Formen der Urteile analysieren lassen. Diese reine Synthesis des Verstandes nennen wir den Begriff von einem Objekt überhaupt oder können sie das formale Objekt nennen, (mit welcher Bezeichnung sofort eine Reihe der Schopenhauer'schen Angriffe hinfällig würde).

c) Die blosse logische Form unserer Erfahrungserkenntnis enthält den Ursprung von reinen Begriffen a priori, welche vor aller Erfahrung die synthetische Einheit oder die Form von Objekten (Objekte überhaupt von Kant genannt) anzeigen, welche allein eine empirische Erkenntnis von Objekten oder eine Zusammenfassung von Vorstellungselementen möglich macht. In der wirklichen Erfahrung erscheinen die Verbindungen der Wahrnehmungen als Bilder im Vorstellungsvermögen. Was das Mannigfaltige in ein Bild bringt, ist die Einbildungskraft. Es ist das Verdienst Kants, auf die letztere als ein notwendiges Ingrediens der Wahrnehmung hingewiesen zu haben. (Kr. d. r. V. S. 130), während man bis dahin sie teils auf die Reproduktion einschränkte, teils den Sinnen auch die Vereinigung der Wahrnehmungen zu Bildern zuschrieb. Die Assoziation der Vorstellungen muss aber eine Regel (einen objektiven Grund haben, nach der die Auswahl in der Vergesellschaftung derselben sich vollzieht. Diese Regel gibt der Verstand durch seine Kategorien (Funktionen) (sie heisst die transszendentale Affinität der Erscheinungen und wurzelt in der reinen Apperzeption). Die blosse intellektuelle Verbindung von Vorstellungen überhaupt (ihrer Möglichkeit nach), die in den Kategorien gedacht wird, heisst synthesis intellectualis; aber als die Möglichkeit einer Synthesis des Mannigfaltigen der reinen Anschauung a priori heisst sie die figürliche (synthesis speciosa) oder die transszendentale Synthesis der Einbildungskraft. Der subjektiven Bedingung nach gehört die Einbildungskraft, da alle Anschauung sinnlich ist, auch zur Sinnlichkeit, und wir begegnen ihr bei analytischer Betrachtung der Erfahrungsbedingungen unter dem Namen der empirischen Einbildungskraft. Aber als Spontaneität, die Sinnlichkeit a priori zu bestimmen Wirkung des Verstandes auf die Sinnlichkeit ist sie eine Synthesis, die von der tr. Apperzeption ausgeht. Man

Die Einbildungskraft.

würde indessen gründlich fehlgehen, wenn man in der Einbildungskraft ein besonderes »Seelenvermögen« erblicken wollte. Insoferne in der empirisch wirkenden Synthesis der Einbildungskraft eine transszendentale Regel sich erkennen lässt, wird diese Synthesis a priori (die Summe der schematisierten Kategorien, figürliche Einbildungskraft genannt, welche isoliert betrachtet synthesis intellectualis oder auch »reiner Verstand« heisst. Die Klage über Häufung der termini ·S. 529 Schopenhauer) hat für den Kenner des Systems keinen Sinn; letztere sind lediglich Bezeichnungen für die unleugbaren Vorgänge und Vereinigungspunkte des Bewusstseins, in denen sich der Erkenntnisprozess vollzieht, die aber sämtlich den beiden Stämmen der menschlichen Erkenntnis angehören, als deren Wurzel die Einheit der reinen Apperzeption gelten muss, wenn überhaupt Erfahrung möglich sein soll. »da sich keine Wissen= schaft der reinen Vernunft oder der Natur unseres denkenden Wesens auf die Bahn bringen lässt, die alle Beimischung der Erfahrung ausschlüge«. Die Thatsache der Erfahrung steht fest, ihre Rechtsgiltigkeit beweist der Philosoph.

Reine Apperzep-
tion. Transszen-
dentales Sub-
jekt-Objekt.
d) Indem wir auf analytischem Wege einen Ueberblick der Kant'schen Psychologie zu geben suchten, der allein uns in den Stand setzen kann, Schopenhauers redselige Angriffe auf den Objektbegriff der Kritik d. r. V. zu würdigen, glauben wir die Befugnisse eines Berichterstatters nicht überschritten zu haben, denn ohne den Gliederbau des Systems in seinem Zusammenhang zu überblicken, ist es unmöglich, den Bedenken Schopenhauers zu entgegnen, da von diesem das Mögliche geleistet worden ist, um die Einsicht in das System zu verdunkeln, die Begriffe desselben zu entstellen und den Leser zu verwirren. Bei unserer analysierenden Skizze sind wir nunmehr bei dem obersten Prinzipium alles Vernunftgebrauches, der synthetischen Einheit der Apperzeption, angelangt, dem Centralbegriff des ganzen Systems, nach Schopenhauer S. 535 »ein sehr wunderliches Ding, sehr wunderlich dargestellt«.

»Das Ich denke muss alle meine Vorstellungen begleiten können. Muss — können. Dies ist eine problematisch-apodiktische Enuntiation; zu deutsch ein Satz, der mit der einen Hand nimmt, was er mit der andern gibt«. (Schopenhauer a. a. O.) Dies »Muss— Können« enthält aber nicht das mindeste Rätsel, und nichts ist leichter, als hier den Nachsatz zu ergänzen: wenn objektive Erkenntnis zu stande kommen soll. »Dieses Bewusstsein (dass das, was wir denken dasselbe sei, was wir einen Augenblick vorher dachten, kann oft nur schwach sein, so dass wir es nur in der Wirkung, nicht auch in dem Aktus (sc. des Vorstellens selbst. d. i. nur mittelbar mit der Erzeugung der Vorstellungen verknüpfen, aber unerachtet dieser Unterschiede muss doch immer ein Bewusstsein angetroffen werden, wenn ihm gleich die hervorstehende Klarheit mangelt. (Kr. d. r. V. S. 118.)

Die Möglichkeit, alles Mannigfaltige der Anschauung in

einem Bewusstsein zu vereinigen, nennt Kant die reine Apperzeption, und da diese Vereinigung ein Aktus der Spontaneität ist, so kann sie nicht der Sinnlichkeit beigemessen werden. Die letztere als Inbegriff aller Vorstellungen heisst die empirische Apperzeption. Hier scheint der Verdacht der Einführung eines neuen Seelenvermögens wieder nahe gerückt zu sein. Denn wenn das reine Ich die Kategorien ausstrahlt, so scheinen wir auf den Bahnen der rationalen Psychologie zu wandeln. Die Art aber, wie das transszendentale Ich entsteht, muss dies Bedenken abwehren. Das Denken (Selbstbewusstsein) entsteht an der Anschauung. Das Mannigfaltige der Vorstellungen ist an sich zerstreut und ohne Beziehung auf die Identität des Subjekts. Diese Beziehung wird durch den Akt der Synthesis hergestellt, die eine Vorstellung zu der andern hinzusetzt. Also entsteht auch die reine Begleitungsvorstellung »Ich« erst in und mit der Synthesis.

Die Kategorien sind also nicht etwa ebensoviele Elemente oder Eigenschaften des reinen Ich, sondern die methodischen Einheiten der Synthesis a priori. Diese Synthesis a priori aber ist — gegeben, d. h. wir können ihren Ursprung ebensowenig namhaft machen als den unserer Vorstellungen, des empirischen »Ich«, und wir sehen, dass das transszendentale Subjekt für uns = X ist, gleich dem transszendentalen Objekt, von dem noch zu sprechen ist. Erkenntnis ist die bestimmte Beziehung gegebener Vorstellungen auf ein Objekt. Das Objekt aber ist der Einheitsgrund unserer Vorstellungen. Dieser Grund kann aber nicht wieder eine sinnliche Vorstellung sein. Daher ist das wahre Objekt unser Vorstellungen uns gänzlich unbekannt, es ist das, in dessen Begriff das Mannigfaltige einer gegebenen Anschauung vereinigt ist. Also entspringt die Beziehung unserer Vorstellungen auf einen Gegenstand lediglich der Einheit des Bewusstseins, die die Vereinigung derselben und den Begriff des Gegenstandes hervorbringt.

Nun entspringt aber die Täuschung des »von aussen« Affiziertwerdens der Sinne, der Herkunft der Empfindungen, derselben Quelle, aus der die Kategorien bezw. die Synthesis a priori herfliesst, einem unbekannten Etwas = X, und es ist speziell die Kategorie der Kausalität, die uns mit dem Scheine der von einem transszendentalen Objekt ausgehenden Affektionsursache täuscht, also die Forderung eines transszendentalen Objekts erzeugt, geradeso wie die Spontaneität der Synthesis uns mit einer vermeintlichen reinen Seelenlehre als Wissenschaft schmeichelt, indessen wir doch nichts haben als ein Mannigfaltiges der Anschauung und eine Möglichkeit der Synthesis, deren Ursachen uns gleich unbekannt sind. Da wir aber doch so viel wissen, dass die Anheftung dieser Synthesis an ein transszendentales Subjekt und die Herleitung des Mannigfaltigen von einem transszendentalen Objekt zwar Täuschungen, aber notwendig erzeugte Täuschungen sind, hervorgerufen von dem Einheitsbestreben unserer Vernunft, welche die Reihe der aufsteigenden Bedingungen, die in der Kategorie gedacht wird, bis zum schlechthin Unbedingten hinauszuführen strebt, so können wir das transszendentale Subjekt und das transszendentale Objekt einander unbedingt gleichsetzen. Es ist thatsächlich ein und derselbe Begriff, den uns die Kategorie der Kausalität entstehen lässt, indem sie sich über das Gebiet der Anschauungen hinaus in der Richtung auf das Unbedingte und die Totalität in der Reihe der Bedingungen geltend zu machen strebt, als tr. Subjekt und Objekt unserer Vorstellungen.

Bezüglich des transszendentalen Objekts sei nochmals zusammenfassend wiederholt: Erscheinungen sind Vorstellungen, die unter Bedingungen der sinnlichen Anschauung stehen. Der Kausalitätsbegriff nötigt uns, zu den Erscheinungen über die Anschauung hinaus) einen korrespondierenden Gegenstand als Ursache zu suchen.

Weil aber die Vorstellungen des äusseren Sinnes von der Raumform affiziert sind und alle Erfahrung mit den äussern Anschauungen anhebt, dergestalt, dass die empirische Bestimmung unseres Daseins nur durch die äussern Vorstellungen möglich wird Kr. d. r V. S. 209, so beziehen wir diese unbekannte Ursache unserer Sinnesaffektionen fälschlich zunächst auf die Gegenstände im Raum und im weitern Fortspinnen der Kausalreihe auf ein nicht mehr anschaubares Objekt das aber ein völliges Unding, für unsere Erkenntnis gar nichts ist. Kr. d. r. V. S. 119.

Wir finden aber doch, dass dieser völlig inhaltsleere Gedanke von der Beziehung aller Erkenntnis auf ihren Gegenstand nicht bloss notwendig erzeugt ist, sondern auch · eine Notwendigkeit selbst erzeugt, indem er an Stelle einer bloss zufälligen Assoziation unserer Vorstellungen die Notwendigkeit einer Vereinigung derselben a priori mit sich führt; denn indem sich unsere Vorstellungen auf einen Gegenstand beziehen sollen, müssen sie auch unter einander übereinstimmen, d. h. diejenige Einheit haben, die den Begriff von einem Gegenstande ausmacht. ibib. S. 119. Mithin ist durch den transszendentalen Gegenstand, das ·eigentliche Objekt der Vorstellunge‹, nichts anderes gedacht, als die formale Einheit des Bewusstseins in der Bestimmung des Mannigfaltigen der Anschauung.

Das transszendentale Objekt ist die Vorstellung der Erscheinungen unter dem Begriff eines Gegenstandes überhaupt. Der Begriff von einem Objekt überhaupt oder die Form des Objekts ist die Kategorie. So konnte Kant mit Hilfe seiner grundlegenden Untersuchungen über das empirische und intellektuale Ich, das transszendentale Subjekt und Objekt, endlich die Kluft überbrücken, welche als schroffe Trennung von Subjekt und Objekt der Erkenntnistheorie bis dahin unüberwindliche Schwierigkeiten bereitet hatte.

Wir glauben aber nunmehr, den Kant'schen Gegenstand der Vorstellung ‹das transszendentale Objekt· genügend beleuchtet

— 33 — --

zu haben, um uns des Eingehens auf seine ›Schopenhauers›
einzelnen Angriffe überheben zu dürfen. Kant geht von der
populären Vorstellung des äussern Objekts aus, steigert den
Begriff bis zur transszendentalen Bedeutung und zeigt uns den
Ursprung desselben in der formalen Einheit des Bewusstseins.
Schopenhauer aber ›glaubt‹, es stecke dahinter die Annahme
eines ›absoluten Objekts‹. Und bald darauf belehrt er Kant,
dass der Gegenstand allemal nur für die Anschauung da sei
und in ihr. S. 524. Hat denn Kant von dem transszendentalen Gegenstand (= X!) jemals das Dasein behauptet?! —
Die ganze Lehre von der reinen Apperzeption fertigt
Schopenhauer mit einigen Phrasen ab, von denen wir oben
bereits eine zum besten gegeben haben. ›Und was ist der
Sinn dieses so auf der Spitze balancierenden Satzes?‹ fährt er
fort: ›Dass alles Vorstellen ein Denken sei?‹ Das ist nicht,
und es wäre heillos; es gäbe sodann nichts als abstrakte Begriffe‹ etc. (S. 535.)
Kant nennt sonst auch das ›Ich denke‹ die Verbindungsformel unseres Bewusstseins, von der man nicht einmal sagen
könne, dass sie ein Begriff sei! Dennoch erwägt sein Gegner,
ob dadurch gesagt sein wolle, dass alles Vorstellen ein Denken
sei, während Kant nur wenige Zeilen später sagt: Diejenige
Vorstellung, die vor allem Denken gegeben ist, heisst
Anschauung. Schliesslich erledigt er den ganzen Begriff
den focus des Kant'schen Systems!), dem seine sonst so weit-
läufige Kritik volle 27 Zeilen widmet, mit einer Metapher und
einer materialistischen Phrase.
Und weil die 2. Bearbeitung der Deduktion hauptsächlich
auf die synthetische Einheit der Apperzeption gerichtet ist, und
die Widerlegung des Idealismus‹ in der 2. Auflage ebenfalls
das empirische und transszendentale Ich aufs schärfste hervor-
hebt, (wiewohl in voller Uebereinstimmung mit der I. Ausgabe),
darum muss die 2. Ausgabe der Kritik der r. V. mit einer Flut
unerhörter Schmähreden überschüttet werden, weil nunmehr
die Aussicht gänzlich verschlossen ist, in Kant den Vorläufer und
Wegbereiter des Messias Schopenhauer namhaft zu machen.

c) Die Wiedervereinigung der im Abstraktionsverfahren Schematismus
isolierten Erkenntnisbedingungen vollzieht sich in der Lehre der reinen Ver-standesbegriffe.
vom Schematismus der reinen Verstandesbegriffe. Auch dieser
schwierigen Doktrin widmet Schopenhauer eine ›Widerlegung‹,
die an Einfachheit nichts zu wünschen lässt, aber leider das
Ziel gänzlich verfehlt. Er rühmt sich, hier besonders lichtvoll
die Entstehung der Kant'schen Irrtümer nachgewiesen zu haben
und gibt einen psychologischen Fingerzeig für die Entstehung
der empirischen Schemata. Für reine Begriffe a priori
aber falle der Zweck solcher Schemata gänzlich weg, weil sie
noch gar keinen Inhalt haben, der Anschauung ›von innen‹
entgegenkommen.
Es ist sonnenklar: wenn ›die Vernunft‹ Begriffe aus den
Anschauungen herausziehen kann, ohne dass der Theorie ihre

Methode viel Kopfzerbrechen zu machen braucht, so kann sie auch, in der Begriffsfinsternis wandelnd, »dann und wann nach

Vgl. Schopen-
bauer a. a. O.
S. 533 f.
der leitenden Wand greifen«, um nicht ins Stolpern zu geraten. Freilich behauptet Kant, dass jeder empirisch beobachtete Erkenntnisvorgang eine transszendentale Bedingung haben müsse, und seine Kritik der Erfahrung ist der Analysis dieser Erfahrungsbedingungen ausschliesslich gewidmet. Aber unserem Censor macht dies wenig Bedenken. »Absichtliches Verfahren, der zum Voraus gefasste Entschluss, Analogien aufzufinden, Vorliebe für architektonische Symmetrie, die hier die Sache sogar ans Komische heranführt«, und ähnliche Redensarten bilden das ganze Rüstzeug, mit dem dieser unerschrockene Kämpfer zu Felde zieht.

Die Erklärung der empirischen Schemata als blosser Hilfsmittel unserer Schwäche kann man ganz wohl gelten lassen, da ja eine alltägliche Erfahrung lehrt, dass wir im Denken und Sprechen von Zeit zu Zeit gleichsam die Umrisse der Gegenstände der reproduktiven Einbildungskraft durch die letztere herbeirufen, um das Denken in abgezogenen Begriffen in einem bequemen und sicheren Gang zu erhalten. Dieser psychologische Vorgang hat nicht die mindeste Schwierigkeit der Erklärung, da die abgezogenen Begriffe ihrer Entstehung nach mit den anschaulichen Vorstellungen homogen sind, und das Schema der letzteren sich bloss durch den Grad der Deutlichkeit von jenen unterscheidet.

Aber bei reinen Begriffen a priori, »als welche noch gar keinen (materialen) Inhalt haben«, »fällt dergleichen nicht nur weg«, sondern ist dergleichen überhaupt unmöglich, weil sie nicht nur keinen empirischen Inhalt haben, sondern auch keinen je bekommen können, da ihre Funktion nicht darin besteht, aus der Anschauung einen Inhalt »erst zu empfangen«, sondern das Vehikel für die Möglichkeit der Bildung empirischer oder abstrakter Begriffe zu bilden. Die letzteren bekommen ihren Inhalt aus der Anschauung, aber ihre formale Möglichkeit a priori wurzelt in den Stammbegriffen. Reine Stammbegriffe sind aber im Vergleiche mit der sinnlichen Anschauung ganz ungleichartig, mit dieser an sich betrachtet in gar keinem Zusammenhang.

Da nun aber Anschauung und reiner Begriff zur Entstehung der Erfahrung zusammenwirken, das Denken die Anschauung ergreifen soll, so müssen die Bedingungen vorhanden sein, unter denen die Kategorien nicht mehr als »Begriffe von Objekten überhaupt«, sondern als Regeln für die transszendentale Urteilskraft erscheinen, welche in den synthetischen Urteilen a priori den Grundsätzen des reinen Verstandes› wirksam sind. Denn diese synthetischen Grundsätze sind die Gesetze der Erfahrung, d. h. der Anwendung der Kategorien auf den empirischen Anschauungsinhalt in Raum und Zeit in notwendigen und allgemein giltigen Urteilen.

Darum ist zu erweisen, wie die der Anschauung ungleichartige Kategorie auf Erscheinungen anwendbar wird. Dass eine solche Anwendbarkeit bestehen müsse, geht unzweifelhaft aus der Natur der Kategorien hervor. Denn diese sind die synthetischen Einheiten der reinen Apperzeption, deren Thatsache, d. h. der Einheit des wissenschaftlichen Denkens nur der sinnloseste Skeptizismus bestreiten darf. (Und soviele Einheiten in den Funktionen der Urteile von der Logik ausgezeichnet sind, soviele reine Denkelemente der Erfahrung müssen als metaphysische Faktoren derselben gelten).

Der Philosoph also hat zwar nicht die Thatsache der Erfahrung, wohl aber ihre Rechtmässigkeit zu beweisen. Solange die Erfahrungsbedingungen gesondert erwogen wurden, konnte von der Schematisierung der Kategorien Abstand genommen werden, (weshalb nach Schopenhauer Kant »mit einem Sprung von der Aesthetik zur Logik kam.«) In den Grundsätzen aber sind die Kategorien in ihrer Richtung auf die sinnlichen Erfahrungsbedingungen wirksam als methodische Mittel der reinen Apperzeption, darum musste vorher die Wiedervereinigung der getrennten Erfahrungsformen erklärt werden.

Damit dies möglich sei, muss eine synthetische Funktion sich namhaft machen lassen. die sinnlich und intellektual zugleich ist Als solche ist uns bereits die Einbildungskraft bekannt. Ihre S y n t h e s i s d e s M a n n i g f a l t i g e n e i n e r A n - s c h a u u n g ü b e r h a u p t ist der V e r s t a n d; aber insoferne die Einbildungskraft auch die Synthesis des Mannigfaltigen der sinnlichen Anschauung a priori zu bethätigen vermag, ward sie f i g ü r l i c h e S y n t h e s i s genannt. Aber die produktive Einbildungskraft gibt nur die allgemeine Möglichkeit der Vereinigung, die besondern synthetischen Einheiten derselben, die Kategorien, müssen ihre Versinnlichung im Einzelnen erfahren; dieses Verfahren der reinen Einbildungskraft, (»eine verborgene Kunst in den Tiefen der menschlichen Seele, deren wahre Handgriffe wir der Natur schwerlich jemals abraten und sie unverdeckt vor Augen legen werden«), nennen wir den Schematismus der reinen Verstandesbegriffe.

So einfach, wie Schopenhauer die empirischen Schemata erklärt, ist es, wie obige Einschaltung beweist, doch auch mit diesen nicht bewendet. Denn auch das empirische Schema ist nicht so fast flüchtige Anschauung, sondern R e g e l d e r B e - s t i m m u n g d e r A n s c h a u u n g gemäss einem allgemeinen B e g r i f f e (nicht einer allgemeinen Anschauung) und bedeutet e i n e M e t h o d e d e r S y n t h e s i s zur Herstellung der E i n - h e i t der Gestalten im Raume. Die Einbildungskraft bringt die Anschauungselemente im Raume der erwähnten Regel gemäss zur Einheit von Bildern.

Aus reinen Begriffen aber, die sich gar nicht einmal direkt auf das Mannigfaltige des Raumes beziehen, sondern zur Vereinigung des letzteren der Vermittelung der Zeit (im successiven Fortgang der Synthesis) bedürfen, kann sie keine Bilder schaffen, wohl aber vermag sie diese reinen Begriffe zu schematisieren.

Denn die Zeit als Form des inneren Sinnes, welche alle Vorstellungen des inneren und äusseren Sinnes umfasst, steht offenbar unter allen Erkenntnisbedingungen gewissermassen als vorgeschobenster Posten des empirischen Subjekts) dem intellektualen Subjekt am nächsten.

Die Kategorie enthält reine synthetische Einheit eines Mannigfaltigen überhaupt. Die Zeit ist in jeder Anschauung eines Mannigfaltigen enthalten. Mithin muss sich jene Verknüpfung eines Mannigfaltigen überhaupt auf die Zeit richten Die Kategorien sind demnach in ihrer Verknüpfung mit der Zeitform transszendentale Zeitbestimmungen. Eine transszendentale oder objektive Zeitbestimmung, für deren Möglichkeit die Einheit oder Objektivität des Bewusstseins garantiert, ist mit der Kategorie gleichartig. Aber da sie die Bestimmung einer Form der Anschauung enthält, so ist sie auch mit der Sinnlichkeit bereits verknüpft und ihr in dieser Hinsicht gleichartig Daher wird die produktive Einbildungskraft die Erkenntnisbedingungen vermittelst der apriorischen Zeitbestimmung vereinigen können, und die Kategorien als Einheiten der Einbildungskraft werden auf Erscheinungen anwendbar werden, wenn sie unter das Schema der transszendentalen Zeitbestimmungen subsumiert werden, d. h. schematisiert werden können, in welchem Falle sie eben nichts weiter sind, als diese Zeitbestimmungen a priori selbst.

Als Schema aber bezeichnen wir im erkenntnistheoretischen Sinne ein Produkt der Einbildungskraft, das sich isoliert gar nicht vorstellen lässt, da es kein Bild, sondern die blosse Einheit eines Bildes zum Gegenstande hat; denn die Synthesis der Einbildungskraft produziert ja nicht das Bild, sondern die Einheit des Bildes, das Schema an sich ist demnach etwas gänzlich Unvorstellbares, nämlich das allgemeine Verfahren der Einbildungskraft, aus Elementen einer räumlichen oder zeitlichen Anschauung ein Bild zu schaffen, das Schema bedeutet eine Regel der Synthesis, seine eigentliche Natur ist weniger sinnlicher als methodischer und begrifflicher Natur. Man denke an das Schema der Grösse, die Zahl! Wer könnte sich den sinnlichen Begriff einer grösseren Zahl jemals zur völligen Deutlichkeit bringen, fo oft er auch mit diesen Monogrammen der Einbildungskraft operieren mag! Auch mit den empirischen Schematen hat es diese Bewandtnis, dass sie nicht so fast Umrisse vorstellen, als die Methode der Einbildungskraft, einem Begriffe sein Bild zu verschaffen. Nur tritt beim Verweilen der Einbildungskraft auf dem zu versinnlichenden Begriffe rasch an Stelle der von ihr zu Umrissen vereinigten Anschauungselemente das Bild, indessen die eilige Verknüpfung der Begriffe im fortschreitenden Denken dem letztern hie und da die Umrisse der Gegenstände zugesellt, die man im populären Sinne Schemata nennt; die letztere hat Schopenhauers Kantkritik im Auge. Das Schema eines reinen Begriffes aber kann nie in ein Bild gebracht werden, da es nicht auf exten-

sive Grössen, sondern auf die Form aller Vorstellungen überhaupt, die Zeit, sich bezieht.

Die allgemeine Bedingung der empirischen Apperzeption, die Succession der Apperzeptionsakte, wird durch die
Einheit der reinen Apperzeption objektiv bestimmt, und die
Art, wie jedes der einzelnen Bestimmungsmittel der letzteren
mit den empirischen Zeitbestimmungen sich gesetzmässig verknüpft, um die letzteren objektiv zu machen, heisst das
transszendentale Schema.

Der Inbegriff der schematisierten Kategorien aber ist die
produktive Einbildungskraft, in der sich also die Vereinigung
der Erkenntnisbedingungen in ihrer allgemeinsten Form unter
der Bezeichnung der figürlichen Einbildungskraft (synthesis
speciosa namhaft machen lässt.

Wir begreifen nunmehr auch, wie das in Rede stehende
Kapitel von jeher »als höchst dunkel« berühmt sein konnte.
Es war die obschwebende populäre Wortbedeutung des Schemas,
als eines Umrisses oder nicht ausgeführten Bildes, auf die der
Schwerpunkt gelegt wurde, indessen die transszendentale Kritik,
die nicht von den Dingen, sondern von der Synthesis ausgeht, die Methode des Verstandes als Einbildungskraft) in seiner
Richtung auf das Mannigfaltige der Sinnlichkeit in Betracht
zieht. Von diesem Gesichtspunkt aus ändert sich auch der
Begriff des empirischen Schemas, den wir anfänglich im populären Sinne gelten liessen. Genau gesagt: das empirische
Schema in vulgärer Bedeutung bezeichnet die der flüchtigen
Vorstellung vorschwebenden mehr oder minder deutlichen Umrisse eines Gegenstandes, wie sie die reproduktive Einbildungskraft herbeiruft; im transszendentalen Sinne die Methode der
Einbildungskraft, einem empirischen Begriffe (z. B. vom Baume
sein Bild zu verschaffen, wobei denn nun allerdings in Abwesenheit des Gegenstandes jederzeit ein mehr oder minder
bestimmtes individuelles Bild von der reproduktiven Phan-
tasie gestaltet wird. Aber ohne diese schematisierende Thätig-
keit des Verstandes könnte kein Bild zu stande kommen, weder
in Gegenwart des Gegenstandes, noch in dessen Abwesenheit
in der Erinnerung. Jeder empirische Begriff hat etwas der
Anschauung Gleichartiges an sich, nämlich als Begriff von
einem räumlich Ausgedehnten das geometrische Element. Teller
und Zirkel, Kant S. 142. Aber das rein Begriffliche, nämlich die Regel der Synthesis für die Zusammenfassung, ist doch
der Anschauung ungleichartig. Da nun alle Vereinigung durch
die Kategorien vor sich geht, so muss natürlich, wenn einem
Begriffe sein Bild verschafft werden soll, die schematisierte
Kategorie thätig sein. Die Schematisierung der Kategorie bezieht sich auf die Zeitform, und sie ist nichts anderes als die
Regel für die succesive Apprehension des Mannigfaltigen.
Wir sehen also, dass die Zeit gewissermassen schon den
Raum mit einbezieht; die Zeit selbst erzeugt sich in der Syn-

thesis des Mannigfaltigen einer äussern Anschauung und ist daher der Kategorie und der Erscheinung verwandt.

Isoliert aber lässt sich auch das Schema eines empirischen Begriffes niemals darlegen oder auch nur vorstellen, so wenig als das Schema eines reinen Begriffes einer bildlichen Verzeichnung fähig ist; denn so viel muss uns klar sein, dass diese beiden Arten von Schematen sich nur etwa wie Theorie und Praxis unterscheiden, in welch letzterer die erstere jederzeit latent ist. Das Schema ist also nicht als psychologisches Gebilde hier aufzufassen, sondern als methodisches Mittel der reinen Apperzeption, den reinen Begriffen Beziehung auf Anschauungen zu verschaffen. Von der psychologischen Illustration der Entstehung der Erfahrung ausgehend, lässt sich das Verständnis dieses Kapitels nicht erreichen. —

Anmerkung zu dem Kapitel vom transszendentalen Objekt.

Ich muss nun aber zugeben, dass die von mir vertretene Ansicht über den Gegenstand der Vorstellung oder das transszendentale Objekt, das mit dem »Ding an sich« in gar keiner Verwandtschaft steht), nicht die herrschende ist. Die Mehrzahl der Ausleger dürfte folgender Ansicht huldigen: »Ausserhalb der individuellen Vorstellung existieren nach Kant a die problematischen Dinge an sich; b die Erscheinungen selbst (als Ursache möglicher Vorstellungen, diesen gegenüber also als relative »Dinge an sich«. Sie bestehen sowohl vor als nach meiner Wahrnehmung.« —

Nach Abzug der apriorischen Denk- und Anschauungsformen bliebe also als Rest die Empfindung übrig. Diese bildet den eigentlichen Stein des Anstosses. Die Empfindung ist das an der Erscheinung, was auch im intellektuellen Sinn »von aussen« kommen muss. Empfindungen gelten an der Erscheinung als das eigentliche Reale, als die Anzeichen wirklicher Dinge. Wenn ich von der Empfindung alle Verhältnisvorstellungen wegdenke, so bleibt ein unausgedehntes Etwas von problematischen, wahrscheinlich analogen Eigenschaften und Beziehungen übrig, das nun offenbar die intelligible Ursache der Empfindung sein muss. — So die verbreitete Auffassung. Diese Interpretation scheint mir der Meinung Kants nicht zu entsprechen. An der Hand derselben verwickelt man Kant in unlösbare Widersprüche, welche sich beseitigen lassen, wenn man das transszendentale Objekt nicht mit dem »Ding an sich« verwechselt und die Begriffe Empfindung, Realität und Ding an sich nicht über die Erfahrungsgrenze hinausverfolgt.

Schon ein rein persönlicher Grund müsste uns die gewöhnliche Auffassung zweifelhaft machen. Sollte dem grössten deutschen Denker beharrlich die Logik des gemeinen Verstandes entschlüpft sein, so dass er den Angelpunkt seines Systems, das transszendentale Objekt, sich nicht zur völligen

Deutlichkeit gebracht hätte? Daraus ergäben sich denn freilich die Konsequenzen, dass die Erscheinungen bald Ursachen
der Vorstellungen, bald blosse Vorstellungen wären, und die
Erscheinungen gehören dann bald dem Ding an sich an als
dessen uns unter den Massgaben der Sinnlichkeit und unseres
Denkens erkennbare Hälfte, bald »sind sie insgesammt in mir‹,
sind »blosse Vorstellungen, die, wenn sie nicht in uns (in der
Wahrnehmung gegeben sind, überall nirgend angetroffen
werden.«

In Kürze: 1. Die Erscheinung ist nichts als blosse
Vorstellung oder Wahrnehmung, nicht etwa ein relatives
Ding an sich ‹als Correlat eines absoluten Objekts›. »Uns ist
wirklich nichts gegeben als die Wahrnehmung und der empirische Fortschritt zu anderer Wahrnehmung.« Was ist aber
nun das »Ding‹ als Inbegriff aller Vorstellungen von ihm?
Wenn 5 Wesen einen Baum vorstellen, so sind doch nicht
5 Bäume vorhanden? Das »Ding‹ ist der transszendentale Gegenstand, d. h. die dem Gattungsbewusstsein notwendige
Einheit aller Vorstellungen vom Gegenstande.
Aber ist das nicht »radikaler Idealismus?« Diesem Einwand begegnet die Erwägung, dass wir von »Dingen‹ gar nichts wissen,
noch ausmachen können, Dinge können nicht in unsere Vorstel
lungskraft hinüberwandern, wir kennen nur unsere Begriffe, Dinge
sind und bleiben Dinge an sich, wir kennen nur unsere Vorstellungen und die Notwendigkeit ihrer Verknüpfung. Daher
stammt der »Kopernikanische Gedanke‹, die Dinge sich um die
Begriffe drehen zu lassen, und ich glaube, dass die gewöhnliche Auffassung in den Fehler verfällt, den Grundgedanken
der Kritik d. r. V. erst feierlich zu verkündigen und dann die
»Dinge‹ wieder zur Hinterthüre hereinzulassen, um das System
wieder zu verwirren, selbstverständlich bona fide). Kant selbst
hat diesen Fehler gewiss nicht begangen. Er ist Rationalist,
und wer nicht dem gewöhnlichen Realismus huldigt, darf ihn
weder für einen Idealisten, noch für einen Skeptiker erklären.

Aber nun meldet neuerdings die Empfindung ihre Ansprüche an. Empfindungen sind doch spezifisch andere Vorstellungen als blosse Gedanken, Empfindungen kündigen doch
wenigstens Dinge an, von denen sie ausgehen. Zugegeben,
dass sie nicht »von aussen‹ kommen, im gewöhnlichen Sinn,
von einem transszendentalen Gegenstande müssen sie doch
herrühren. Auch das ist abzuweisen. Affizierende Gegenstände oder Dinge gibt es nicht für uns, die Affektion von
innen ist ebenso abzuweisen, wie die »von aussen‹, es gibt nur
Vorstellungen, deren Ursache uns gänzlich unbekannt ist; die
Empfindung aber ist nicht das Reale in der Erscheinung, sondern die Hindeutung auf etwas Reales. Denn die Empfindung
ist ganz und gar nicht geeignet, wissenschaftliche Erfahrung
‹Erfahrungseinheit› möglich zu machen. Nur was der reine
Verstand a priori von ihr ausmachen kann, nämlich, dass in
jeder Erscheinung das Reale einen Grad haben müsse, der bis

ins Unendliche abnehmen kann, ohne dass das Zero einträte 12. Grundsatz , das ist das wissenschaftliche Fundament der Erfahrung, auf welches die jeweilige Empfindung nur hindeutet, das wir nur bei Gelegenheit der Empfindung uns zum Bewusstsein bringen. In der Einheit der Erfahrung ist ihre Objektivität, in der Kategorie der Qualität ihre Realität geborgen und beschlossen.

Es ergibt sich also folgende Gleichung : das Mannigfaltige verhält sich zum transszendentalen Objekt wie die Empfindung zur Kategorie der Qualität.

Kant wollte eine Kritik der Erfahrung geben, d. h. ihre Bestandstücke untersuchen. Dabei sah er sich gezwungen, auch den Inhalt gewissermassen in seine Form aufzulösen. Vom Inhalt an sich behauptet er, dass er sich der Erfahrungskritik entziehe. Warum ziehen wir ihn hartnäckig für das zur Verantwortung, was er zu beantworten sich gar nicht vermass, und was doch auch kein anderer besser weiss?

2. Das transszendentale Objekt darf nicht mit dem Ding an sich identifiziert werden. Nach Abzug der sinnlichen Vorstellung bleibt kein Ding an sich als verborgener Kern der Erscheinung zurück. »Das Ding an sich ist von der Erscheinung der Gattung nach verschieden, also die Vorstellung eines ganz andern Objekts, als welches die Erscheinung enthält.« Kuno Fischer, Gesch. d. neuern Philos. 3. Bd S. 430.«

Warum wir Vorstellungen haben, ist uns gänzlich unbekannt. Sie an ein Ding an sich anzuheften, ist schon deshalb unstatthaft, weil uns der Kausalitätsbegriff gar nicht einmal bis zu einem problematischen Ding an sich führt. Denn Kausalität gilt nur im Bereich des Naturmechanismus. Erinnern wir uns, dass sie eigentlich ein blosses Zeitschema ist, — die notwendige Succession zweier Vorstellungen in der Zeit. Mithin ist auch die blosse Ueberleitung zu einem ausserzeitlichen Etwas ein leeres Gedankenspiel, folglieh eine falsche Anwendung der Kausalitätsverknüpfung.

Und diese Verwechselung des tr. Objektes mit dem »Ding an sich«, vor der Kant so eindringlich warnt, sollte ihm selbst nicht einmal, sondern so und so oft begegnet sein? Man suche doch die scheinbar widersprechenden Stellen im Sinne der hier erörterten Auffassung (d. h. nicht allzuwörtlich) zu kommentieren. Ich bin überzeugt, dass dann die Widersprüche verschwinden. —

Wem aber die Einheit der Erfahrung oder das transszendentale Objekt nicht dinglich oder wirklich genug sind, wer absolut wissen will, woher wir Vorstellungen haben, dem ist mit einem blossen Kritiker wie Kant offenbar nichts gedient, der muss neuerdings an die spekulativen Philosophen, an Fichte und seine Nachfolger adressiert werden. Je nach seiner besonderen Geistesrichtung liegen ihm deren spekulative oberste Grundsätze zur Auswahl vor.

Wir haben uns nunmehr bemüht, vom »gegebenen« Mannigfaltigen beginnend, die Voraussetzungen des transszendental bestimmten Gegenstandes der Erfahrung zu erläutern, die transszendentale Analytik mit Rücksicht auf die beiden Auflagen, deren Uebereinstimmung sich wiederholt ergab, zu überblicken und die besondere Bedeutung der Grundbegriffe klarzustellen. Schopenhauers Angriffe konnten wir teils einer besondern Würdigung unterziehen, teils muss das Fehlerhafte, ja Nichtige seiner ganzen Angriffsweise dem Leser, falls der Zweck vorliegender Schrift nicht gänzlich verfehlt ist, nunmehr so klar geworden sein, dass eine Widerlegung der zahlreichen Ausstellungen im einzelnen unterbleiben darf. Falsche Interpretation der termini und die Unterschiebung eines der »Kritik der reinen Vernunft« in ihrem 1. Theile gänzlich fremden Problems sind die Hebel, die das Kant'sche System aus den Angeln treiben sollen, und eine höchst zweideutige Dialektik ist dazu angethan, den minder geübten Leser irrezuführen oder zu verblüffen. Wenn Schopenhauer beispielsweise behauptet, nach Kant gebe es von den Objekten bloss Begriffe, er hingegen sage, Objekte seien zunächst für die Anschauung da, Begriffe seien allemal Abstraktionen aus dieser Anschauung, so fühlt man sich versucht, die Antwort aus des Kritikers polemischem Wortschatz hervorzuholen.

Aber es wird sich zum Schlusse noch in kurzen Worten klar machen lassen, dass wir auch das Lob, das er der »transszendentalen Aesthetik« spendet, nicht acceptieren können. Sein Raumbegriff ist ebensowenig mit dem Kant'schen identisch, als irgend einer der Begriffe der tr. Analytik von ihm treu wiedergegeben ist. Und gerade dieser falsche Raumbegriff gestattete ihm den Vorwurf, dass die »Logik« der Aesthetik nachgekünstelt sei, und verhalf ihm zur Einführung seiner Intellektualanschauung.

Nach Kant ist der Raum die blosse Möglichkeit des Nebeneinander, ja seine Vorstellung ist ein blosses Schema. Darum ist zwischen Raum und Räumen (extensiven Grössen) zu unterscheiden. Letztere kommen nur unter Voraussetzung der intensiven und extensiven Synthesis (1. und 2. Grundsatz) zu Stande, der Raum an sich ist — »ein blosses Hirngespinst.« »Ich kann keine Linie vorstellen, ohne sie in Gedanken zu ziehen« und in der successiven Synthesis den (mathematischen) »Gegenstand« zu erzeugen. Im blossen Ziehen einer Linie sind also bereits Raum und Zeit impliziert, und dieser einfachste Gegenstand der Vorstellung bedarf des Verstandes und der Kategorien, während Raum und Zeit die blossen Vorbedingungen darstellen, unter denen der Kategorie das Mannigfaltige der Sinnlichkeit dargereicht wird zum Behufe der Vereinigung zur synthetischen Einheit des Gegenstandes.

Für Schopenhauer aber sind Raum und Zeit s c h o n Continua, und alles in ihnen Gegebene tritt s c h o n verbunden auf und bedarf keiner hinzukommenden Verbindung des Mannigfaltigen. Der Raum, von seinem transszendentalen Objekt, dem Willen, wie aus der Pistole geschossen, hängt nun draussen vor unseren Augen als Continuum, und die Intellektualanschauung zeichnet Bilder von Dingen darauf ein. Wir sehen ein, dass für Kant die »tr. Aesthetik« nur ein vorbereitendes Element seiner Erfahrungstheorie bedeutet, und dass der Schwerpunkt der letzteren in der Synthesis liegt. Aber bei Schopenhauer fasst der Verstand, eine Funktion des drei bis fünf Pfund wiegenden Gehirns!) die gegebene Empfindung als eine Wirkung auf, die als solche notwendig eine Ursache haben muss. Zugleich nimmt er die »im Gehirn prädisponierte Form des Raumes zu Hilfe, um jene Wirkung ausserhalb des Organismus zu verlegen« etc.

Intellektualanschauung und Kausalität bei Schopenhauer. Bd. 1 S. 52 ff.

Sehen wir von der gröblich materialistischen Auffassung ab, so erhellt noch Folgendes: Vor allem ist der Kant'sche Raumbegriff, den Schopenhauer als dessen höchstes Verdienst und als »glückliches Apperçu« bezeichnet, nicht getroffen, denn die Projektion »nach aussen« trägt zur Objektivierung der räumlichen Vorstellungen nichts bei, ist folglich bloss subjektiv und wird von Kant geradezu als Schein bezeichnet. Ferner: Die Einbildungskraft verzeichnet allerdings die Gestalt der Grössen im Raum. Aber dabei kommt gar keine Kausalität ins Spiel, dazu ist ausser der Impression, mit der alle Erfahrung anhebt, lediglich die Synthesis der Einbildungskraft nötig, welche das gegebene Mannigfaltige den Gesetzen der apriorischen Raumform gemäss zur extensiven Grösse zusammenfasst. Von Kausalität, die das philosophische Prinzip der Mechanik, der Veränderungen in der Natur ist, ist in diesem Erkenntnisvorgang noch keine Spur zu entdecken.

Augenscheinlich ist doch nur von einem Erkenntnisgrund die Rede, wenn die Empfindung als Wirkung einer äusseren Ursache aufgefasst wird, nicht von einem Realgrund, denn diese Auffassung des Intellekts ist ja falsch, mindestens bloss subjektiv, wie ja Schopenhauer selbst behauptet, da es äussere affizierende Gegenstände nicht gibt, ihre Annahme vielmehr gerade die subjektive Raumform voraussetzt. Ein vollständiger Zirkel! Dennoch soll alle Objektivierung in der Kausalität liegen! Uebrigens besitzen wir längst räumliche Vorstellungen, ehe wir dieselben als Wirkungen eines äusseren Gegenstandes auffassen. Letzteres ist bereits der erste Schritt zu einer wissenschaftlichen Theorie des Erkennens.

Wenn wir uns nun ebenfalls einmal gestatten dürfen, Schopenhauers »innerste Meinung zu erforschen«, so ergibt sich, dass er zwar den »entschiedenen Idealismus« verficht, aber keinen Augenblick lang von der populären Auffassung sich loszuringen imstande ist. Darum kömmt ihm die empirische Anschauung »von aussen«, darum ist ihm »gegeben« ein nichtssagender Ausdruck, ist ihm der Raum schon ein Continuum »i. e. etwas den Dingen Subsistierendes«, darum hat er für die erzeugende Kraft der Synthesis und für den Gegenstand der Vorstellung kein Verständnis. Und darum endlich ist er empirischer Idealist, für den die Dinge objektive Realität besitzen, »soweit sie ihrer fähig sind«, womit wir wieder glücklich beim Skeptizismus, dem »Skandal der menschlichen Vernunft« angelangt sind.

Der psychologischen Illustration, die Schopenhauer an die Erörterung der Kausalität knüpft, wird niemand die Anerkennung geschickter Kombination versagen, indessen sind seine Erklärungen des Einfach- und Aufrechtwahrnehmens der Objekte durchaus nur geistreiche Hypothesen und in der physikalischen Theorie nicht anerkannt; am wenigsten ist seine Kausalitätshypothese eine zwingende Notwendigkeit für die Erklärung dieser Erscheinungen.

Was die ausführliche Darlegung der »Intellektualanschauung« und der »Kausalität« (Bd. 1 S. 80 f.) gegen die Kritik des 4. Paralogismus und die Entstehung der empirischen Anschauung nach Kant'scher Theorie vorbringt, ist durch die gepflogenen Erörterungen bereits entkräftet. Nur möge noch die Bemerkung Platz greifen, dass für Kant die blosse Sinnesempfindung nicht schon Wahrnehmung bedeutet. (Schopenhauer Bd. 1 S. 81 o. Vielmehr ist derselbe so weit davon entfernt, die blosse empirische Anschauung mit der Wahrnehmung gleichzusetzen, dass er die letztere geradezu der Synthesis des Verstandes beilegt.

»Wenn ich also z. B. die empirische Anschauung eines Hauses . . zur Wahrnehmung mache, so liegt mir die notwendige Einheit des Raumes und der äusseren sinnlichen Anschauung überhaupt zum Grunde, und ich zeichne gleichsam seine Gestalt dieser synthetischen Einheit des Mannigfaltigen im Raume gemäss. Eben dieselbe synthetische Einheit aber, wenn ich von der Form des Raumes abstrahiere, hat im Verstande ihren Sitz und ist die Kategorie der Synthesis des Gleichartigen in einer Anschauung überhaupt d. i. die Kategorie der Grösse, welcher also jene Synthesis der Apprehension d. i. die Wahrnehmung durchaus gemäss sein muss«. (Kr. d. r. V. S. 679.)

Die Deduktion der Kausalität, wie sie von Schopenhauer Bestreitung des versucht wird, musste des Vergleiches halber, und da er be- Kant'schen Beweises der Apri- ständig auf die Kausalität als »Anschauungsform« und seinen orität des Kau- »einzig richtigen Beweis« derselben sich bezieht, herangezogen salitätsbegriffes. Schopenhauers werden. Bd. 1. S. 85. ff

Aus demselben Grunde haben wir noch seine Angriffe auf die Kant'sche Deduktion seiner 2. Analogie zu berücksichtigen. Die letztere stützt sich auf den »Gegenstand der Vorstellung«, der hier erst seine volle Illustration gewinnt. Schopenhauers »Bestreitung« erwähnt denselben nicht einmal.

Der letzte Abschnitt der 2. Analogie (von S. 190 u. an) erläutert das »Gesetz der Continuität«, das aus dem Grundsatz der intensiven Grösse des Realen entspringt. Auch daran geht

der Kritiker vorüber. Ueberdies weiss er die empirischen und
apriorischen Bedingungen der mechanischen Prozesse nicht zu
sondern.

Betrachten wir kurz noch die einzelnen Einwürfe. An
der Spitze steht die Erörterung des bekannten Kant'schen Bei-
spieles der Apprehension der Teile eines Hauses und eines
fahrenden Schiffes. Nach Schopenhauer sind beides Begebenheiten! Zu seiner Argumentation ist zu bemerken:
Die Bewegung des Auges ist allerdings eine Begebenheit; aber die steht hier nicht in Frage; auch die Apprehension
des fahrenden Schiffes erfordert eine Augenbewegung, daher
in letzterm Falle eben zwei Begebenheiten vorliegen; aber
nur die eine derselben kommt in Frage und ist causal zu bestimmen. Wenn ein ungeübter Schuljunge seine Leseversuche
mit dem Zeigefinger unterstützt, so wären nach Schopenhauer
sogar, drei Begebenheiten zu constatieren. Aber weder die
Teile des Hauses, noch die Schriftzeichen des Buches stehen
unter einer Zeitbestimmung; die Bewegungen des Auges bezw.
des Zeigefingers) müssen für sich erwogen und der Zeit nach
objektiv bestimmt werden. Das physische Medium der Apprehension kann doch den objektiven Charakter der Vorstellung nicht
bestimmen! Die ganze Darstellung ist wieder grob materialistisch.
Für Schopenhauer ist zu polemischen Zwecken jeder Standpunkt annehmbar; der Zweck muss die Mittel heiligen. — Das
vom Ufer aus fixierte Vorüberfahren des Schiffes kann einen
Irrtum des Urteils erwecken, aber der empirische Schein ist
jederzeit in allen sogen. Sinnestäuschungen ein Fehlschuss der
Urteilskraft, betrifft also nur den empirischen Gebrauch »sonst
richtiger Verstandesregeln« und hat mit einer Erwägung aprio-
rischer Erfahrungsbedingungen gar nichts zu schaffen.
Die ganze Ausführung S. 86 f. ist in ihrer kläglichen
Sophistik ein Symptom des ausgebrochenen kritischen Bankerotts.
In der folgenden Stelle p. 87 u. f. ist der Umstand, dass
Kant immer nur einen Causalnexus im Auge hat, durch den
Hinweis auf sich durchkreuzende Causalverbindungen geschickt
benützt, um Konfusion zu stiften.

A. a. O. S. 88. »Ich muss bemerken, dass Erscheinungen sehr wohl auf-
einander folgen können, ohne auseinander zu er-
folgen.«
Das wird von Kant auch nicht bestritten Aber die Ordnung unter unseren Vorstellungen von Begebenheiten wird
doch ganz allein durch die im Gegenstande begründete Bestimmung aller Zeitstellen der letztern erkannt.
Die ganze Begebenheit oder Veränderung Verknüpfung
der wechselnden Bestimmungen der Substanz) ist hier der
Kr. d. r. V.
p. 180. Gegenstand. Und da mir gewöhnliche Begebenheiten empirisch
geläufig sind, so kann ich auch ihre gegenseitige Ordnung
feststellen. »Ich trete vor die Hausthüre, ein fallender Ziegel
trifft mich; zwischen Ziegelfall und Heraustreten ist keine
Causalverbindung.« Aber beides sind Begebenheiten und da-

her der Zeit ihres Eintrittes nach nicht bloss empirisch (subjektiv, sondern auch transszendental bestimmt, darum können sie bloss in jenem Zeitpunkte wahrgenommen werden, in dem sie (objektiv) erfolgen. Die Notwendigkeit, eine Wahrnehmung an einer bestimmten Zeitstelle zu machen, macht die Objektivität derselben (als einer Succession) aus, und sie ist im transszendentalen Objekt begründet.

Die Töne der Musik als Schallwellen sind durch ihre Erzeugungsursache kausal bestimmt. — Tag und Nacht sind abbreviierte Bezeichnungen für eine Reihe von Beleuchtungs-Erscheinungen, die vom jeweiligen Stande der Sonne bedingt sind. Auf einen bestimmten Beleuchtungsgrad ± folgt der nächsthöhere bezw. niedrigere Auf die Dämmerung folgt der Sonnenaufgang, nicht umgekehrt. — Dass die Erde von der Sonne beleuchtet wird, wusste die Welt schon vor Kopernikus.

Zu beanstanden ist auch die folgende Stelle, welche der objekt. Realität das »blosse Phantasma« entgegenstellt. S. 88 u. Bloss subjektiv giltige Vorstellungen (Farbe, Geschmack etc.) sind noch keine »Phantasmen«. Wenn wir ferner (S. 89 u.) den kausalen Zusammenhang einer uns im Resultate vorliegenden Veränderung nicht erkennen, so liegt der Grund darin, dass dieselbe der Vergangenheit angehört, also das empirische Kriterium der Kausalität, die Zeitform, in der Apprehension der Wirkung, (die nunmehr ein Zustand geworden ist), nicht enthalten ist. In diesem Falle muss dasselbe durch die reproduktive Einbildungskraft ergänzt werden. Wenn dies möglich ist, so ist damit auch die Rekonstruktion des Kausalnexus gegeben (für die Imagination. Das Vorhandensein erratischer Blöcke in der deutschen Tiefebene konnte nur durch Verknüpfung des Phänomens mit der Gletscherperiode erklärt werden. Wir sehen: der Verstand schafft die Natur selbst, indem er in diesen Begriff die von ihm selbst nach seinen Apperzeptionsgesetzen bestimmte Ordnung der Erscheinungen hineinbringt. Und wir sehen nun ein, wie Kant sagen durfte: »Aller Zuwachs des empirischen Erkenntnisses und jeder Fortschritt der Wahrnehmung ist nichts, als eine Erweiterung der Bestimmung des innern Sinns, d. i. ein Fortgang in der Zeit, die Gegenstände mögen sein, welche sie wollen, Erscheinungen oder reine Anschauungen.« * (Für die dynamische Verknüpfung kommen Erscheinungen nur als materielle Punkte in Betracht.

Das blosse Folgen (S. 90, die Zeitform) kann für sich erwogen werden, wie das in der tr. Aesthetik auch geschieht) aber nicht ohne Denken erkannt werden, da die Sinnlichkeit nichts denkt; letzteres behaupten »die Folge der Begebenheiten in der Zeit kann allerdings empirisch erkannt werden« heisst ja gerade »die Formen der Sinnlichkeit intellektuieren«. Dieser Vorwurf klingt sonderbar aus dem Munde eines Verfechters der »Intellektualanschauung.«

Von gänzlicher Unklarheit aber zeugt die folgende Bemerkung S. 91: »Wäre die angefochtene Behauptung richtig,

* Kr. d. r. V.
p. 195.

so würden wir die Wirklichkeit der Succession bloss aus
ihrer Notwendigkeit erkennen: Dies würde aber einen alle
Reihen von Ursachen und Wirkungen zugleich umfassenden,
also allwissenden Verstand voraussetzen u. s. w.
Wenn sich eine Veränderung nicht in unserer Gegenwart
durch das empirische Kriterium der Zeitfolge Bewegung kennt-
lich macht, so ist es, wie im obigen Beispiel, nur dadurch möglich, den Kausalnexus der vorliegenden Wirkung aufzufinden,
dass sich etwa das empirische Kriterium die Zeitfolge, dem
objektiven Zeitgesetz der Verknüpfung von Ursache und Wirkung gemäss in der Imagination rekonstruieren lässt. Denn
von den besondern einzelnen empirischen Successionen besitzt
doch der Verstand a priori nicht die geringste Kenntnis. Also
muss die Vergleichung der äussern Umstände erst das empirische
Kriterium der Zeitfolge ergeben, das aber transszendental bestimmt ist, sobald wir einsehen, dass wir die in der Einbildungskraft vorgestellte Apprehension der successiven Wahrnehmungen
nicht umkehren können oder könnten, wenn sie sich noch einmal in unserer Gegenwart vollzögen. Und hier will Schopenhauer den offenbarsten Cirkel sehen!
Nicht Folgen und Wirkungsein sind identisch (p. 91. u.),
sondern Erfolgen und Wirkung sein. Das Wort »folgen«
bezieht sich nur auf die sinnliche Bedingung der Kausalität, die als das den Sinnen Bemerkbare das empirische Kriterium derselben ist. Hume aber wird Kant gegenüber schwerlich wieder Recht behalten, denn er leugnete das Erfolgen,
während Kant jedes Folgen für ein Erfolgen erklärt, also jenen
Unterschied umgekehrt leugnet. Woraus eine Wirkung erfolgt,
das ist natürlich a priori nicht allein zu erkennen, es muss
Kenntnis der besonderen empirischen Umstände hinzukommen,
denn „dass alle unsere Erkenntnis mit der äussern Erfahrung
anhebt, daran ist kein Zweifel".
Nicht weiter verfolgen wir die Kritik Schopenhauers.
Wenn es gelungen ist, die Fälschung der termini, das
Missverständnis des Kant'schen Problems nachzuweisen und
überdies die Methode des Kritikers zu kennzeichnen, der die
Ausführungen des Autors in das „Prokustesbett" seiner eigenen
Philosophie spannt, so hat diese Schrift ihrem Zweck genügt.
Ihr Resultat scheint ein rein negatives zu sein. Aber die
geschickte und leicht irreführende Fechtart dieses Kritikers, der
ein Meister im Verdunkeln ist, fordert zu einem eindringenden
Studium Kants auf, was schon an sich als grosser Gewinn
gelten muss. Es hiesse den Leser am Gängelbande führen
wollen und würde diese Arbeit zu unbehaglicher Breite aus-
dehnen, wenn ich die ganze umfangreiche Metakritik erörtern
wollte. Bleibt doch die Angriffsweise des Gegners immer im
Grund die nämliche! Vielleicht darf ich mir schmeicheln, der
fortschreitenden Beurteilung einige Handhaben geliefert zu
haben.
Uebrigens dürfen wir schwerlich glauben, die wahre Mei-

nung Schopenhauers vor uns zu haben. Abgesehen davon, dass ein so blendender Geist schwerlich so gänzlich irre gehen könnte, abgesehen von der sehr verdächtigen Entstellung einiger Citate und dem unredlichen Charakter der ganzen Darstellungsweise, müsste uns beispielsweise schon die Thatsache bedenklich machen, dass Schopenhauer selbst in den „Antizipationen der Wahrnehmung" eine fehlende Stelle ergänzt hat, während seine Kritik diesen Grundsatz gänzlich ignoriert. Wenn Redlichkeit und Behutsamkeit im Schliessen die Kardinaltugenden des Philosophen sind, so wird niemand zweifelhaft sein, ob er bei Kant oder Schopenhauer seine Belehrung zu suchen habe.

Finis.